城市出租车合乘关键技术与应用

肖　强　何瑞春　著

科学出版社

北　京

内 容 简 介

本书分析了城市出租车合乘的现状及存在的问题、城市出租车与乘客的出行特征,以及出租车合乘的影响因素,构建了城市出租车合乘概率和合乘等待时间模型,推演出城市出租车合乘"三阶段"算法,即出租车聚类算法、出租车匹配算法和合乘出租车路径规划算法;构建了合乘收益趋势预测和城市不同区域合乘可行性评价模型,据此建立出租车合乘仿真实验系统,为后期城市出租车合乘关键技术的进一步完善与实际推广应用提供了理论和技术基础。

本书适合交通运输工程等学科的研究人员、工程师和交通运输组织管理人员阅读,也可作为交通工程、交通运输、信息系统与信息管理等专业高年级本科生和交通运输规划与管理等专业研究生的参考书。

图书在版编目(CIP)数据

城市出租车合乘关键技术与应用/肖强,何瑞春著.—北京:科学出版社,2018.7

ISBN 978-7-03-057839-6

Ⅰ.①城⋯ Ⅱ.①肖⋯ ②何⋯ Ⅲ.①出租汽车-城市交通系统-系统仿真-研究 Ⅳ.①U491.2

中国版本图书馆 CIP 数据核字(2018)第 130341 号

责任编辑:朱英彪 赵晓廷 / 责任校对:张小霞
责任印制:张 伟 / 封面设计:蓝正设计

科 学 出 版 社 出版
北京东黄城根北街 16 号
邮政编码:100717
http://www.sciencep.com

北京中石油彩色印刷有限责任公司 印刷
科学出版社发行 各地新华书店经销
＊

2018 年 7 月第 一 版 开本:720×1000 B5
2018 年 7 月第一次印刷 印张:12 1/2
字数:252 000

定价:88.00 元
(如有印装质量问题,我社负责调换)

前　　言

随着我国城市化建设进程的加快以及出行车辆的剧增,城市道路交通拥堵问题已经成为城市发展中亟须解决的重大难题。大力发展城市公共交通、倡导市民绿色出行,是各大城市治理交通拥堵和缓解交通压力的常见举措。出租车作为城市公共交通的重要构成,具有便捷、灵活的特点。然而,受制于供需双方的信息不对称,常存在出行者打车难、出租车空载率高、出租运营成本大等问题,严重制约了出租车市场的健康发展。鉴于此,有学者提出"出租车合乘"的理念以期解决上述难题,并迅速引起学术上的共鸣。经验数据表明,出租车合乘在缓解城市交通拥堵、解决出租车运营困境方面具有一定的作用。

本书回顾和梳理了国内外出租车合乘的研究现状及发展动态,分析和归纳出城市出租车合乘研究存在的问题及不足。从城市出租车和乘客两个角度分析了各自的出行特征,构建城市出租车合乘概率和合乘等待时间模型,推演出城市出租车合乘"三阶段"算法,利用南京市出租车数据对上述理论和模型进行了实例验证,并以此为基础建立城市出租车合乘仿真实验系统。全书主要内容如下。

(1)分析城市出租车及乘客出行特征。从出租车行驶里程、出租车空载率和出租车载客特征三个维度分析出租车的出行特征;采用乘客出行距离、出行时间、出行点均衡度、出行点密度和出行点分布度等一系列指标分析出租车乘客的出行变化特征,并综合提出城市出租车合乘的影响因素。

(2)提出城市出租车合乘概率和等待时间模型。运用泊松分布原理分析出租车合乘中出租车载客车辆的概率特征,并基于泊松分布模型和 N 重伯努利试验原理构建出租车合乘概率模型和合乘等待时间模型,深入探讨出租车数量、空载率、平均行驶速率、行驶目的地分布率等对合乘概率和合乘等待时间的影响。

(3)构建城市出租车合乘车辆聚类算法。利用数据场能函数求解载客出租车数据集中各数据点的场能,通过比较各数据点势能值的大小,计算出各数据点的点间距,进而根据各数据点场能值与点间距的乘积所确定的阈值来判别聚类中心点、离群点和各聚类中心所包括的子数据点。

(4)建立合乘乘客与载客出租车匹配方案。根据物元理论,构建模糊物元矩阵,采用熵权法计算合乘距离、到达合乘出行点距离、到达合乘目的地距离以及到达合乘出发点时间四个指标的权重,并运用贴近度计算出合乘出租车匹配方案的优先顺序。

(5)提出出租车合乘路径规划模型。建立道路路段网络节点拓扑结构,运用道路路段长度、车辆平均行驶速度和路口红绿灯等待时间等指标构建路段路权值，采用有向图的节点间直接权重矩阵算法，得到节点间权重矩阵表。通过对节点间权重矩阵表的调用与判断，实现合乘乘客与出租车合乘后的路径规划及合乘费用预估，从而为合乘者推荐合乘参考方案。

（6）分析出租车合乘条件对合乘收益趋势的影响。引入合乘下车点的距离、合乘上车点的距离和时间等参数，建立出租车合乘模型，并利用灰色预测模型，讨论在合乘点距离和间隔时间不同的条件下出租车的合乘收益趋势。

（7）提出城市出租车合乘可行性的评价方法。利用 K-means 聚类算法构建物元特征量值指标区间聚类法，以及城市不同区域出租车合乘评价指标体系，采用熵权法确定指标的权重，从而对不确定指标信息和确定指标信息进行描述，实现对城市不同区域合乘的评价。

本书第 1 章和第 2 章由何瑞春撰写，第 3～11 章由肖强撰写。在本书撰写过程中，参考了大量国内外文献，谨向所有文献作者表示衷心感谢！本书出版得到了国家自然科学基金项目"城市出租车合乘系统智能优化及关键技术研究"（61364026）的资助，在此表示感谢！在课题研究和本书撰写过程中，兰州交通大学俞建宁教授和李引珍教授给予了悉心指导和大力支持，在此表示诚挚的谢意！兰州交通大学段刚老师、马昌喜老师、张薇老师、王莉老师在本书的撰写过程中也给予充分的支持和帮助，对他们表示感谢。

由于作者水平有限，书中难免存在不妥之处，敬请读者批评指正！

肖　强

2018 年 2 月

目　　录

第1章 绪 论

1.1 城市出租车合乘概要

1.1.1 研究背景

随着我国经济的飞速发展和城镇化进程的不断推进,"都市圈""城市群""城市带"逐步在我国的各个区域不断形成[1],城市的范围已从城市中心逐步向郊区发展扩大。城市化的快速发展,带动城市经济的增长,提高了人民的生活水平,但城市中的住房、交通、环境污染等问题都在日益加重,给人们的生活带来了诸多不便,尤其是城市交通拥堵问题成为城市发展的瓶颈[2];同时,城市拥堵带来的负面影响,如环境污染和能源消耗等,不仅增加居民消费额外的支出,而且影响城市的可持续发展。

面对城市交通拥堵问题,许多学者和城市管理者大力提倡发展城市公共交通以缓解城市的交通拥堵,但由于公交、地铁等城市公共交通在城市中的覆盖率相对较低,在高峰时段等候时间较长,乘坐的空间固定,且要根据公共交通的服务时间进行出行。因此,城市管理者将出租车作为公共交通的重要补充[3],大力发展出租车行业,以弥补城市公共交通带来的出行不便。

从表 1.1 所示的出租车供给情况可以看出,2009~2016 年,全国城市出租车规模保持逐年增长趋势,年复合增长率为 2.35%。2016 年末,全国拥有出租车140.40 万辆,同比增长 0.83%。

表 1.1 2009~2016 年出租车规模趋势图

年份	2009	2010	2011	2012	2013	2014	2015	2016
数量/万辆	119.31	122.57	126.38	129.97	134.60	137.01	139.25	140.40
同比增长/%	—	2.73	3.11	2.84	3.56	1.79	1.63	0.83

资料来源:前瞻产业研究院

从表 1.2 所示的出租车需求情况可以看出,2014 年,出租车运送乘客达到历年来的最大值,为 406.06 亿人次,2015 年开始出租车运送乘客人数有所下滑。2016 年,我国出租车运送乘客 377.35 亿人次,同比下滑 4.88%。

表 1.2　2009～2016 年出租车客运量规模趋势图

年份	2009	2010	2011	2012	2013	2014	2015	2016
运量/亿人次	363.54	346.28	376.71	390.03	401.94	406.06	396.70	377.35
同比增长/%	—	−4.75	8.79	3.54	3.05	1.03	−2.31	−4.88

资料来源:前瞻产业研究院

作为城市公共交通的有益补充,城市出租车数量逐年增加,进而提升了城市公共交通服务水平。城市出租车相较其他公共交通工具具有以下优势。

(1) 便利性。相对其他公共交通工具,出租车能为城市居民提供及时、快捷和灵活的出行需求,减少居民在出行过程中的时间。

(2) 补充性。公共交通工具运行的时间段是有限的,在非公共交通工具的运行时间,城市出租车可以作为公共交通工具的补充,满足城市居民在非公共服务时间的出行需求。

(3) 经济性。对个人用户和单位而言,城市出租车是一种更经济的交通出行方式,它替代了私家车、公务车和商务车,节约了车辆行驶费用和养护费用,为个人或单位带来了更高的经济效益。

(4) 窗口性。城市出租车是城市服务外来旅游、办公、聚会等各种活动的主要工具,作为城市的名片,不但能及时、准确地帮助外来人口找寻相关目的地,而且为外来人口更好、更准确地评价城市提供基础。

随着互联网技术的广泛应用,"互联网+"交通成为国内出租车市场一种新的交通出行方式。据滴滴出行的数据显示,全国 2015 年出租车订单量达 14.3 亿,相当于每一名中国人用滴滴软件预订过一次车,累计行驶时间达 4.9 亿 h,累计行驶里程达 128 亿 km。这些数据说明城市居民的传统出行方式正在逐步改变,借助"互联网+"技术出行,这为后期合乘和合乘方式的提出提供了认知和技术支持平台。

如今,出租车借助"互联网+"不仅提升了运行效率,也改善了人们的出行条件。但是,出租车仍然存在以下问题。

(1) 运营成本偏高。城市居民一天 24h 出行高峰时段基本固定,在非高峰时段,城市出租车的空载率相对较高,这就增加了出租车的运营成本。

(2) 交通拥堵加剧。城市出租车虽然是公共交通工具的有益补充,但作为运输工具其载客量非常低(<4 人),大多数为一名乘客,运送能力小于公交车,人均占用道路面积却是其他公共交通工具的 20 倍以上,这将增加城市道路的交通运输压力,易造成城市道路的拥堵。

(3) 资源浪费严重。大量空载运行的出租车,是对能源的一种浪费,而只搭乘一名乘客的服务方式,也是对乘客资源的一种浪费,在出租车资源有限的情况下,加剧了城市打车难问题。

（4）环境污染加剧。大量出租车在城市中运行，会产生大量的污染物，加剧城市空气的污染，使城市的 $PM_{2.5}$ 指标升高，不仅有损城市绿色环保形象，也降低城市 GDP 的增速。

针对城市出租车产生的一系列问题，国内外许多学者提出利用拼车或合乘的方式缓解城市出租车所带来的不利因素，即把具有相同目的地的乘客通过多次共乘的方式送达目的地。为了治理城市道路交通带来的拥堵，各地（如北京、上海、深圳、广州等）也纷纷出台合乘政策以缓解交通拥堵。

1.1.2　研究目的和意义

随着我国城镇化程度的进一步提高，城市道路设施建设滞后与城市交通出行快速增长的不匹配，城市交通系统面临巨大压力，交通拥堵成为各个城市面临的最大问题。2017 年 1 月 12 日，根据公安部交通管理局统计，截至 2016 年底，我国机动车保有量达 2.9 亿辆，其中汽车为 1.94 亿辆，有 49 个城市的汽车数量超过 100 万辆，其中北京、重庆、天津、成都、深圳、广州、上海等 18 个城市的汽车数量已超过 200 万辆，尤其是北京的汽车数量在 2012 年就已超过 500 万辆。车辆的急速增长造成了城市的交通拥堵、交通事故频发、交通环境污染严重、出行困难等一系列问题。由智联招聘联合北京大学中国社会科学调查中心推出的《2012 年度中国职场人平衡指数调研报告》显示，中国职场人平均上下班往返时间为 0.96h，其中北京为 1.32h，在所调查的城市中居首位，上海次之，为 1.17h。

缓解城市拥堵成为城市交通管理部门急需解决的问题。合乘作为缓解交通拥堵的一种方式，逐渐被国内外大多数城市所采用。麻省理工学院研究人员分析了 2013 年 3 月纽约曼哈顿出租车一周的运行数据，在纽约的 1.36 万辆出租车中，大约有 1 万辆在高峰时段使用，曼哈顿只需要 3000 辆共享出租车便可以满足其 98% 的乘坐需求[4]。此研究表明，有效的出租车合乘制度，不但可以缓解城市的交通拥堵程度，还可以提高出租车的载客率，增加出租车司机的运营收入，降低城市居民出行成本，另外也可以降低能源消耗，减少环境污染。因此，合乘方式的实施是一种改善城市交通质量的有效途径。

我国部分城市已开展了城市出租车的合乘运营。2012 年北京市鼓励市民合乘出租车，合乘者各付车费的 60%；2011 年重庆市提出合乘者按行驶里程各支付 80% 的费用；南京市的出租车中装有合乘计价器，明确合乘路段按每人 70% 支付费用[5]。随着信息技术的发展，出行者可借助互联网和打车软件实现合乘，但合乘时需要考虑哪些因素，合乘的概率有多大，实时合乘中出租车和乘客的匹配，合乘出租车的行车路径规划等问题，仍需进一步深入探讨，本书围绕城市出租车合乘的关键技术问题展开，具体目的和意义如下。

　　(1) 分析城市出租车出行特征,有助于城市交通管理者有效地制定合乘政策。合乘方式能否在城市实施,需要对城市出租车日常状态进行分析,通过理论研究,提出科学的判定结果,为城市出租车开展合乘的可行性和必要性提供参考依据。

　　(2) 城市交通中心区域路段合乘概率分析,有助于出行居民更好地进行合乘选择。利用概率学理论探讨城市道路的出租车合乘概率,能够帮助城市出行者更好地选择合乘的地点和时间,更好地设计出行安排。

　　(3) 构建城市出租车合乘匹配技术体系,有助于完善出租车合乘理论,提升合乘软件的应用效果。在合乘技术中,增加合乘中出租车聚类、合乘者与出租车匹配以及合乘路径规划与优化等的合乘技术环节,有效提高实时合乘匹配的效率,提升出租车的载客能力,为城市交通道路车辆的拥堵治理,提供坚实的理论依据。

　　城市出租车合乘是缓解城市交通拥堵、提高出租车运营效率的一种途径,本书相关的研究成果有助于合乘政策在城市中进一步开展,促进合乘研究进一步深入。另外,本书的内容和结论可以应用于城市出租车合乘的政策制定和合乘方法的优化设计中,具有重要的理论和实践意义。

1.2　城市出租车合乘技术研究

　　随着城市化进程的进一步深入,出租车作为公共交通的辅助工具日益变得重要。然而,出租车市场管理的滞后,使各城市都出现打车难的问题,同时出租车运营也依然无法摆脱运营成本高、载客率低、道路交通通行负担加重和易拥堵等困境。因此,合乘作为一种有效缓解打车难和交通拥堵的措施被推出,并被国内外许多学者所关注。

1.2.1　国外研究概况

　　合乘系统是指对出行者信息和当前运营车辆信息进行实时匹配,为具有相同出行需求的出行者提供搭乘服务,以提高运营车辆的运营效率,缓解交通道路的拥堵,降低出行者出行成本,提高社会效益和生态效益。国外学者对城市交通中的合乘问题研究较早,其研究过程如下。

　　20 世纪 60~70 年代,随着汽车工业的快速发展,欧美一些大城市出现了交通拥堵问题,同时由于 70 年代末石油危机的出现,部分欧美学者开始研究合乘问题,以解决由城市发展和能源危机造成的城市道路拥堵和车辆出行成本增加等问题。1967 年,Benjamin 等[6]提出合乘的概念,但其所提出的合乘是指在运输货物方面,采用数学模型,在考虑货物的大小、类型和特性等因素基础上将不同类型的货物合理搭配,以实现不同货物的共同运输。1975 年,Heman 等[7]对 70 年代美国密歇根州的合乘情况进行调查,统计显示,出行居民的合乘行为与距离有关,长距离出行合乘人数多,短距离出行合乘人数少,并且指明长距离合乘的原因是石油危机的出现增加了出行成本。1976 年,Hirst[8]对 1950～1972 年美国城市的城际间交通工具的效率进行分析,并对 1980～1985 年的节能政策进行讨论,指出合乘是一种有效提高运输效率、节约燃料的途径,并预测了合乘在未来的发展趋势。

20 世纪 80 年代,美国、加拿大等国家为提高道路使用效率、缓解交通拥堵、促进交通节能减排,采用共乘(high occupancy vehicle,HOV)车道交通管理措施,要求混合动力车和其他新能源车与普通车一样,须承载 2 人以上才可驶入 HOV 车道。为此,许多学者开始研究 HOV 合乘问题,并利用调查问卷分析合乘对出行者的影响。1983 年,Mann[9]通过对美国华盛顿地区 HOV 车道的分析,并利用计算机程序计算提出动态调节 HOV 中合乘车辆出行表的方式,实现合理车辆数量与不同区域 HOV 道路的匹配,以提高 HOV 道路的车辆容量和通行能力。1987 年,Teal[10]对 1977～1978 年的出行者数据进行分析,研究了合乘的特点、分类和动因,并对合乘者的合乘原因以及合乘方式进行了说明,预测合乘模式将大幅度提升的可行性。1997 年,Ferguson[11]利用美国 1970～1990 年美国人口调查局对出行者数据的分析,发现私家车数量、燃料价格和受教育程度对合乘的影响较大,而年龄、家庭收入、城市类型和种族等因素对合乘的影响较少,并以此为基础提出提高合乘效率的建议。1995 年,Kearney 等[12]对于分布在 5 个不同地区的 645 个员工进行合乘调查。研究表明,通过合乘案例及合乘概念的讲解有助于人们更好地理解合乘并选择合乘出行,提升合乘效率,而大规模采取政策干预方式对提升合乘效果没有太大的帮助。1997 年,Pisarski[13]通过对美国 80～90 年代合乘拼车数据的分析,发现在过去的十年间合乘数下降 32%,并对下降的原因进行分析,主要原因是美国人口和就业越来越分散,从而使合乘的效率逐步降低。Pisarski 认为需要一个统计分析工具来真正认清合乘中存在的问题,才能更好地进行合乘方案的推广。

到 21 世纪,随着世界经济的快速发展,欧美等国家和地区的城市道路拥堵问题更加突出,国外部分学者开始应用各种传统算法和智能算法对合乘的问题进行研究,并开发合乘系统应用于实际。2003 年,Ferrari 等[14]针对合乘匹配中的优化问题,提出了新的启发式数据处理模型,并利用储蓄函数寻找最优方案。实验表明,相对原来的优化算法,基于储蓄函数的启发式算法在合乘匹配中可以为合乘乘客节省 50%的乘坐距离。2004 年,Calvo 等[15]提出了在合乘系统中将信息技术和通信技术(如 GIS(geographic information system)、Web SNS(Web social networking service)等)集成在一起,同时在系统的核心最优化模块中引入启发式算法以解决路况问题。2004 年,Baldacci 等[16]提出了一种精确的基于拉格朗日序列的合乘算法,该算法基于两个整数规划公式,分别利用启发式算法和拉格朗日序列确定上下限,从而求解合乘问题。2005 年,Cross[17]提出一种合乘系统并在法国进行应用。

司机将出行路线录入合乘系统,其他具有相同出行路线的乘客在共同承担出行费用的情况下,通过电话、电子邮件或文本消息的方式通知司机,从而完成合乘。2009 年,Soltys 等[18]针对成功合乘中的影响因素进行了研究,并利用加拿大多伦多市网络合乘系统数据进行分析,发现增加上班族对合乘相关软件知识的认知,将有效提升合乘的效果。2015 年,Shinde 等[19]为有效地解决合乘算法中的问题,提出了基于遗传算法的合乘路线匹配多目标优化算法。该算法降低了计算的复杂性,减少了处理时间,有效地改善了合乘效果。2014 年,Galland 等[20]利用代理模块自动分析交通基础设施之间、合乘行为与基础设施之间以及出行者与费用之间等的相互关系,并结合社会网络技术和路由匹配算法,通过模型建立谈判机制,从而实现基于代理的合乘模型。2012 年,Manzini 等[21]利用决策支持系统解决合乘问题,提出利用分段聚类模型,将路线、距离、用户信息和合乘的汽车等合乘因素进行分别聚类,再采用决策支持系统(decision support system,DSS)进行各因素间的判断,从而为合乘提供决策支持。2014 年,Potnis[22]提出基于无线点对点网络技术的动态合乘模式,利用无线点对点网络分散模型算法,实现合乘用户设备与合乘车辆直接相连,改变原有合乘用户先将数据提交数据库,再由数据库系统结合其他算法来实现合乘的方式。这种方式取消了中间环节,实现起来速度快。2015 年,Jiau 等[23]提出改进的遗传算法来实现合乘问题的求解,通过在进化模块实现合乘匹配方案演进过程,在短时间内确定合乘匹配方案。

1.2.2　国内研究综述

国内关于合乘的研究起步较晚,相关研究较少,大多数集中于合乘问题的算法实现和合乘费用政策的制定等,具体如下。

1988 年,在期刊中首次出现"拼车"一词[24],但这里的"拼车"是铁路部门为了更好地制作列车的运行计划表,通过对各个站点和各局之间每日每月的列车信息汇总计算,利用"拼车"的思想,实现列车运行效率的最大化。

2006 年,覃运梅等[25]在出租车合乘模式的探讨中,将司机与乘客双方利益引入合乘中,利用合乘费率建立多目标函数,并求解最佳合乘路径和最优费率,从而实现合乘。

2007 年,翟泳提出了基于交通路网的路径匹配算法[26]。该算法利用交通路网中各节点间的距离关系,检索给定起讫点间及起讫点各自邻近节点群之间存在的出行信息,并根据合乘出行径特点对检索出的信息进行分析、评价和优选,以方便出行者进行合乘组织。

2008 年,张瑾和何瑞春[27]在出租车拼车问题的优化中,应用模拟退火算法求解出租车拼车中的"一对多"模型,以实现乘客最优匹配和线路的设计。

2009 年,吴芳等[28]以合乘出租车司机收益与合乘服务率最大化、乘客最少为目标建立了出租车最佳路径选择及配车调度优化模型,并利用改进粒子群算法进行求解,实现出租车的合乘。

2011 年,祁瑞军等[29]为解决合乘线路的最优化问题,构造了道路交通网络距离矩阵,利用运筹学矩阵迭代法求解最短路径,为合乘乘客的最短路选择问题提供理论基础。

2013 年,程杰等[30]以出行者与司机的利益为优化目标,建立了多对多模式的动态出租车合乘模型,并利用遗传算法进行求解,实现合乘算法问题的解决。

2013 年,邵增珍等[31]提出两阶段聚类的启发式匹配策略,实现对多车辆合乘问题的求解。实际算例表明,该种算法可有效提高搭乘的成功率,降低车辆的运行成本。

2014 年,肖强等[32]提出基于模糊聚类和模糊识别的出租车合乘算法,利用出租车行车路线的模糊聚类,来完成合乘乘客与出租车的模糊识别,实现合乘乘客与出租车之间的匹配。

2015 年,张薇等[33]提出一种考虑乘客心理的合乘出行决策方法,分析了不同付费比例和交通拥堵在乘务心理因素影响下对乘客合乘决策的影响,对出租车合乘政策的制定和管理有一定的指导意义。

1.2.3 国内外研究现状总结与分析

针对合乘问题,国内外学者从合乘的影响因素分析、合乘的匹配建模算法和合乘的政策制定等方面做了大量的理论分析和实例验证,取得了一定的成果,并有了一定的实际应用,但通过对研究成果的分析发现还存在以下不足。

(1) 合乘的研究主要集中在算法的应用性方面,缺少对城市合乘问题实际应用的可行性研究。在目前合乘问题的研究中,焦点主要集中于利用各种算法实现合乘人员与出租车的匹配,但对合乘问题本身,即什么样的城市区域、什么样的出租车分布、什么样的合乘需求可以提供合乘服务,在城市中什么时间段合乘的效果好,什么时间段合乘的效果差,什么时间段不宜进行合乘,研究相对较少。对城市出租车合乘进行可能性分析,构建合乘的概率模型,不但能够作为目前合乘算法研究的基础,也可作为后续研究中一个重点深入的方向。

(2) 合乘的关键技术中人车匹配算法相对比较复杂,实用性需进一步提升。目前,大多采用启发式算法、神经网络算法、遗传算法和粒子群算法等进行合乘中人车匹配问题的研究,从理论的角度验证了合乘算法实现的可行性,但在实际合乘软件的开发以及导航中使用这些合乘匹配算法,具有搜索时间长、效率低、实现相对比较复杂等缺点。因此,目前开发的合乘软件多为提前预约型,要求半小时以上。如何实现出租车合乘的实时性、减少算法的复杂性、提高模型的实际应用性、提升合乘的应用效果,是当前出租车合乘技术研究亟须解决的问题。

（3）城市出租车合乘技术的研究多侧重于合乘匹配，系统化分析合乘问题的相对较少。城市出租车合乘问题是一个系统化的问题，主要包括合乘出租车的聚类问题、合乘者匹配出租车方案的评价问题、合乘后的行驶道路规划问题等，但目前的研究将这三类问题合为一个问题进行研究，通过对合乘影响因素的分析，利用传统匹配算法和智能匹配算法，建立合乘模型，实现合乘乘客与出租车之间的匹配。对出租车合乘的关键技术问题没有从系统化的角度进行全面研究，忽略了合乘关键技术所涉及的合乘前期、中期以及后期的相关技术连贯性问题，如何从系统化的角度研究城市出租车合乘问题，将会是未来合乘技术研究的一个热点问题。

1.3　本书内容安排

1.3.1　主要内容

本书主要介绍城市出租车合乘匹配理论与关键技术问题，包括城市出租车运行特性、城市出租车合乘概率分析和城市出租车合乘方案设计。下面对以上三个方面进行具体分析。

1. 城市出租车运行特性分析

出租车的基本运行特征可用来判断城市出租车的运营情况，以及城市道路的运行负荷，为城市出租车合乘方案的实施提供决策依据。本书以出租车的行驶路程、出租车的空驶率和空载率、出租车出车率、乘客出行距离和时间为对象，利用均衡度、密集密度和起止点分布（origin-destination，OD）率来探讨城市出行者的时空分布特性。从城市道路路网、城市出租车和出租车乘客三个维度，探讨这些因素对合乘的影响。

2. 城市出租车合乘概率分析

在假定的条件下，根据泊松分布原理，讨论出租车合乘中出租车载客车辆的泊松分布，建立基于泊松分布的出租车合乘概率模型，并通过概率模型结合 N 重伯努利试验原理，构建出租车合乘等待时间模型，探讨出租车数量、空载率、平均行驶速度和行驶目的地分布对合乘概率和合乘等待时间的影响。

3. 城市出租车合乘方案设计

城市出租车合乘方案设计是城市出租车合乘的关键环节，是实现出租车合乘的基础，主要包括以下内容。

（1）合乘出租车的聚类。针对城市出租车中合乘车辆的聚类问题，结合城市道路出租车轨迹的分布特点,提出一种基于数据场能和点间距的出租车合乘车辆聚类算法。利用数据场能函数求解载客出租车数据集中各数据点的场能,并通过对各数据点势能值的对比,实现各数据点点间距的计算,利用各数据点场能值和点间距的乘积来判别中心点、离群点和各聚类中心所包括的子数据点,从而实现合乘出租车的聚类。

(2) 多目标出租车合乘方案选择优化。从合乘者角度出发,对城市出租车交通道路网进行网络化。在分析影响合乘选择主要因素的基础上,以合乘乘客上、下车的距离最短,合乘等待时间最短,合乘到达目的地路径最短为目标函数,建立出租车合乘方案的优化模型,并从已知出租车行驶路径信息中,设计合乘乘客可选各出租车合乘方案的快速搜索算法;根据可行的各合乘出租车合乘方案集合,利用信息熵权法确定各目标的权重,计算各出租车合乘方案的综合目标值,目标值最大的为最优合乘方案。

(3) 合乘乘客出租车匹配方案评价。利用合乘出租车聚类后的数据集,结合合乘乘客的初始位置和目的地位置,通过距离阈值的判定,确定合乘者合乘出租车匹配方案。利用物元理论,建立合乘乘客出租车匹配物元指标特征,提出基于模糊熵权物元评价算法,实现对合乘乘客出租车匹配方案的评价,确定最优匹配方案。

(4) 合乘车辆路径规划。对城市交通道路网进行矢量化,建立城市矢量电子地图的拓扑结构,同时引入动态交通加权路阻函数,实现路权值的计算,并将结果作为道路网拓扑结构边的权重,完成动态道路节点权值矩阵的计算。结合改进的静态路网中求解最短路径的搜索算法,提出基于节点区域限制的合乘路径规划算法,实现合乘乘客、出租车乘客和出租车司机三方合乘后的路径规划和费用预估,为合乘方案的推荐提供参考。

(5) 出租车合乘收益趋势分析。为了分析出租车合乘条件对合乘收益趋势的影响,构建了基于全球定位系统(global positioning system,GPS)轨迹数据的处理方法,引入合乘下车点的距离、合乘上车点的距离和时间等参数,建立出租车合乘模型,并利用灰色预测模型,讨论在合乘点距离和间隔时间不同的影响条件下出租车的合乘收益趋势。研究结果表明,合乘的收益与合乘上车点间的距离密切相关。模型应用于南京市出租车 GPS 轨迹数据分析时,当合乘上车点的时间间隔固定为 20min,合乘上车点间的距离增大到 1200m 时,合乘的匹配数增加较快,合乘的收益可以增加 20.31%,且距离间隔越大,收益增长越快;当合乘上车间的距离固定在 100m 时,合乘上车点的时间间隔增加到 35min,合乘的匹配数增加较慢,合乘的收益仅增加 5.38%,且时间的间隔越大,收益增长越慢。

(6) 城市不同区域出租车合乘评价。根据城市出租车合乘的特点,在考虑城市出租车合乘影响因素的基础上,根据出租车交通行驶的数据,构建城市不同区域出租车合乘评价指标体系,提出一种基于改进物元模型的城市出租车合乘可行性评价方法。针对原有物元模型的不足,利用 K-means 聚类算法构建物元特征量值指标区间聚类法,采用熵权法确定指标的权重,从而对不确定指标信息和确定指标信息进行描述,实现出租车合乘可行性的评价。通过实验对该算法进行验证,结果表明,该算法能够对出租车合乘的可行性做出有效的评价,为城市出租车合乘政策的实施提供参考。

(7) 仿真系统设计。在算法研究的基础上设计完成了基于 B/S(browser/server)架构的城市出租车合乘仿真实验系统。该系统主要有合乘系统后端(利用 Visual Basic 6.0 程序实现合乘出租车聚类、合乘乘客出租车匹配方案评价和合乘路径规划等)、合乘系统数据库(主要包括城市出租车 GPS 轨迹数据、算法处理数据存储和前端数据存储等)和合乘系统前端(数据库数据的调用、算法处理数据的调用和百度应用程序接口(application programming interface,API)调用等)。通过合乘三阶段模型算法,为出租车司机和乘客提供便捷的车辆合乘匹配服务。

1.3.2 技术路线

本书内容涉及交通运输、城市道路、智能系统、计算机应用和计算机仿真等多学科的理论和方法,具体方案的基本技术路线如图 1.1 所示。

本书在总结以往合乘问题研究方法的基础上,从系统化的角度对城市出租车合乘关键技术与应用进行分析。从出租车的出行特征分析入手,分析影响城市出租车合乘的因素,并以此为基础建立基于泊松分布的城市出租车合乘概率模型,分析城市道路中出租车合乘的概率。利用数据场能理论,对合乘出租车数据间的场能和点间距进行计算,实现合乘出租车聚类中心及聚类数据集的确定。利用聚类中心距离阈值,判定满足条件可提供合乘的出租车,对满足条件的出租车进行物元建模,并利用模糊理论建立合乘评价指标体系,确定基于模糊熵权物元评价的合乘乘客出租车匹配方案。利用多目标算法,对合乘方案进行最优选择。基于节点区域限制和改进 A* 算法实现合乘路径的规划和设计。利用灰色预测模型,建立城市出租车合乘收益趋势预测模型,并对出租车的合乘收益进行分析。利用改进的物元评价模型,对城市不同区域出租车合乘进行评价,为合乘者更好地选择合乘点以及城市交通管理者更好地制定城市出租车合乘政策提供依据。在上述模型的基础上,利用数据库技术和超文本标记语言(hyper text markup language,HTML)技术,建立基于 B/S 模式的城市出租车合乘仿真实验系统,并进行算法的仿真实验。

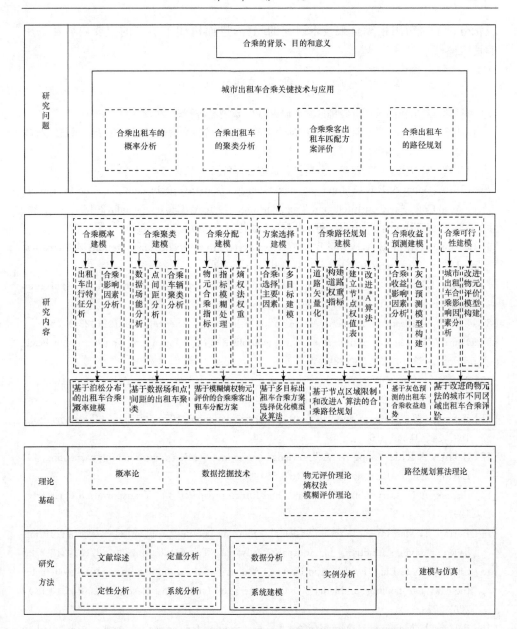

图 1.1 城市出租车合乘关键技术与应用研究技术路线图

1.4 本章小结

本章主要介绍了城市出租车合乘技术研究的背景、目的和意义,从国内外研究现状分析了城市出租车合乘技术研究的趋势,进而概述了本书的主要内容和采用的技术路线。

参 考 文 献

[1] 黄征学. 未来我国城市群经济区发展研究[J]. 宏观经济管理,2012,(6):33-35.

[2] 杨浩雄,李金丹,张浩,等. 基于系统动力学的城市交通拥堵治理问题研究[J]. 系统工程理论与实践,2014,34(8):2135-2143.

[3] 凌显峰. 城市出租车经营模式分析及其适应性评价[D]. 长春:吉林大学,2010.

[4] Afian A,Odoni A,Rus D. Inferring unmet demand from taxi probe data[C]. The 18th International Conference on Intelligent Transportation Systems,Canary Islands,2015.

[5] 葛瑞原,王而山. 也说"合乘出租车"[J]. 交通与运输,2012,28(4):49.

[6] Benjamin A,Benn B A,Powell B A. Carpool system in railroad transportation:Mathematical model[J]. Management Science,1967,13(9):694-711.

[7] Heman R,Lam T. Carpools at large suburban technical center[J]. Journal of Transportation Engineering,1975,101(2):311-319.

[8] Hirst E. Transportation energy conservation policies[J]. Science,1976,192(4234):15-20.

[9] Mann W W. Carpool assignment technique application[J]. Journal of Transportation Engineering,1983,109(3):380-388.

[10] Teal R F. Carpooling:Who how and why[J]. Transportation Research Part A:General,1987,21(3):203-214.

[11] Ferguson E. The rise and fall of the American carpool:1970-1990[J]. Transportation,1997,24(4):349-376.

[12] Kearney A R,de Young R. A knowledge-based intervention for promoting carpooling[J]. Environment & Behavior,1995,27(5):650-678.

[13] Pisarski A E. Carpooling:Past trends and future prospects[J]. Transportation Quarterly,1997,51(2):6-8.

[14] Ferrari E,Manzini R,Pareschi A,et al. The car pooling problem:Heuristic algorithms based on savings functions[J]. Journal of Advanced Transportation,2003,37(3):243-272.

[15] Calvo R W,de Luigi F,Haastrup P,et al. A distributed geographic information system for the daily car pooling problem[J]. Computers & Operations Research,2004,31(13):2263-2278.

[16] Baldacci R,Maniezzo V,Mingozzi A. An exact method for the car pooling problem based on lagrangean column generation[J]. Operations Research,2004,52(3):422-439.

[17] Cross B. Employers go for carpooling[J]. Its International,2005,11(3):52.

[18] Soltys H,Buliung R N,Soltys K. Driving factors behind successful carpool formation and use[J]. Transportation Research Record:Journal of the Transportation Research Board,2009,2118(1):31-38.

[19] Shinde T,Thombre B. An effective approach for solving carpool service problems using ge-

netic algorithm approach in cloud computing[J]. International Journal of Advance Research in Computer Science and Management Studies,2015,3(12):29-33.

[20] Galland S,Knapen L,Yasar A U H,et al. Multi-agent simulation of individual mobility behavior in carpooling[J]. Transportation Research Part C:Emerging Technologies,2014, 45(9):83-98.

[21] Manzini R,Pareschi A. A decision-support system for the car pooling problem[J]. Journal of Transportation Technologies,2012,2(2):85-101.

[22] Potnis A V. Dynamic carpooling using wireless ad-hoc network[J]. Journal of Engineering Research and Applications,2014,4(4):92-94.

[23] Jiau M K,Huang S C. Services-oriented computing using the compact genetic algorithm for solving the carpool services problem[J]. IEEE Transactions on Intelligent Transportation Systems,2015,16(5):2711-2722.

[24] 白学仲. 电子计算机"拼车"数学模型[J]. 铁道运输经济,1988,5:27-28.

[25] 覃运梅,石琴. 出租车合乘模式的探讨[J]. 合肥工业大学学报(自科科学版),2006,28(1): 77-79,101.

[26] 翟泳,杨金梁,连剑,等. 合乘出行信息检索的路径匹配算法[J]. 交通与计算机,2007,(1): 27-30.

[27] 张瑾,何瑞春. 解决动态出租车"拼车"问题的模拟退火算法[J]. 兰州交通大学学报, 2008,27(3):85-88.

[28] 吴芳,李志成,徐琛. 出租车合乘制调度优化模型研究[J]. 兰州交通大学学报,2009, 28(1):104-107.

[29] 祁瑞军,王晚香. 基于矩阵迭代法的出租车合乘最短路径选择[J]. 大连交通大学学报, 2011,32(4):28-31.

[30] 程杰,唐智慧,刘杰,等. 基于遗传法的动态出租车合乘模型研究[J]. 武汉理工大学学报(交通科学与工程版),2013,37(1):187-191.

[31] 邵增珍,王洪国,宋超超,等. 多车辆合乘问题的两阶段聚类启发式优化算法[J]. 计算机研究与发展,2013,50(11):2325-2335.

[32] 肖强,何瑞春,张薇,等. 基于模糊聚类和识别的出租车合乘算法研究[J]. 交通运输系统工程与信息,2014,14(5):119-125.

[33] 张薇,何瑞春,肖强. 考虑乘客心理的出租车合乘决策方法研究[J]. 交通运输系统工程与信息,2015,15(2):17-23.

第 2 章　城市出租车合乘相关综述

2.1　合乘的起源与发展

合乘最早起源于美国,在 20 世纪 40 年代,第二次世界大战使石油和橡胶都成为不可或缺的产品,私人汽车也被限制使用。美国人为解决出行问题,开始提出拼车的概念,即多数人通过预约方式乘坐一辆车进行出行,但这种方式随着美国经济黄金时代的到来而很快被取代。

20 世纪 70 年代,石油危机爆发,汽油价格大幅上涨,为节约出行成本,许多居民再次提出拼车模式来出行。据统计,在石油危机期间约有 1/4 美国人上下班都选择拼车[1],但随着石油危机的结束和美国经济的好转,到 80 年代美国人口增长了 1/3,私人汽车拥有量增加 60%,同时随着居住地与工作地越来越分散,众多女性走入职场,美国的拼车人数急剧下降,交通拥堵问题越来越成为城市交通运行管理的重要问题。拼车概念开始被学者和交通管理部门所重视,提出用拼车来缓解交通拥堵问题。

1975 年,新加坡实施区域通行证系统[2],规定私家车或出租车乘坐人数少于 4 人需办理通行证,否则会遭受罚款处理,合乘作为一项制度在 20 世纪 70 年代末 80 年代初受到鼓励和支持。

1976 年,第一条共乘车道(HOV)在美国加利福尼亚州建成,规定只有合乘人数到达一定数量的汽车才能被允许在该车道行驶,同时可部分减免过路费、路桥费等,合乘人数越多,其收费越少[3]。这种方式既缓解了交通拥堵的压力,又降低了出行的成本,使合乘模式在美国得到普及和发展。

在德国,拼车是一种非常普遍的行为,所有拼车的车主和出行人员将个人的真实身份资料均存于拼车中心备案,对违法行为会追究法律责任,对无偿拼车和有偿拼车都有相关法律,并根据标准对有偿拼车征收相关费用,对于无偿拼车减免过路费、路桥费等[1]。

2008 年,英国开始征收拥堵费[4],同时向各城市推广"拼车专道",鼓励人们以拼车的方式在拼车专道行驶,以提高出行率、降低道路的拥堵,并通过法律的形式对专用道空车行驶车辆进行罚款。

在日本,根据车辆中乘客人数的多少缴纳行车费用,人越多,缴纳的费用越少,从而鼓励乘客合乘出行。在韩国不仅私家车可以拼车,出租车也可以由多位乘客拼车,并以法规的形式规定为合乘制[4]。

由此可以看出,合乘方式在欧美和亚洲发达国家已普遍实施,其主要目的是缓解交通拥堵、降低能源消耗、减少环境污染、提升出行效率。

在我国,合乘模式出现的时间相对较晚,最早实施合乘的地区是台湾省,1988年台北市在公共运输道路中设置合乘招呼站,实施出租车合乘业务,并在 1990 年推出台北市合乘信息匹配服务,采取信息化手段解决合乘问题。

随着互联网技术的发展,各类拼车网络和手机软件应运而生,私人汽车及出租车合乘逐渐成为社会关注的热点。1993 年,长春市物价部门出台了出租车载客的收费标准,明确在合乘中第一名乘客收费 80%,第二名乘客收费 60%。2003 年,南京市允许出租车进行合乘,并规定合乘乘客在合乘路段每人按合乘路段总费用70%付费,非合乘路段需全额支付,近几年南京市在部分出租车安装了合乘计价器。2011 年,重庆市明确市民可合乘出租车,合乘者按各自里程分付车费的 80%。

2012 年,北京市提出市民可以合乘出租车,合乘者各付车费的 60%。之后随着互联网的应用,借助各种出租车合乘软件,出租车合乘在国内城市(如上海、广州和济南等大中城市)实施。

2016 年 7 月,国务院办公厅出台《关于深化改革推进出租汽车行业健康发展的指导意见》,明确鼓励传统出租车行业转型提供网约车,并规范合乘服务,建立合乘服务提供者、合乘者及合乘信息服务平台的权利和义务,为我国出租车合乘的发展提供了方向。

2.2　合乘的概念及类型

2.2.1　合乘的概念

合乘是具有相同或相近目的地的多个出行者,共同使用同一交通运输工具出行的一种行为[5,6]。乘客一般只需付出比平常少的费用就可出行,司机通过收取多人的费用提高出租车的运营收益。城市出租车合乘则是合乘中利用出租车完成共同出行的一种方式。从法律的性质上讲,出租车合乘与出租车拼车是完全不同的法律行为。拼车是指出租车司机未经过乘客的同意,为追求其自身利益最大化而多载客人,这侵害了乘客的权益,是违法行为。合乘是在客运的高峰时段乘客经协商同意乘坐同一辆出租车出行的自愿行为,是一种合法行为。

2.2.2　合乘的类型

从合乘的概念可以看出,使用不同的交通运输工具进行合乘就形成不同的合乘类型,具体如图 2.1 所示。

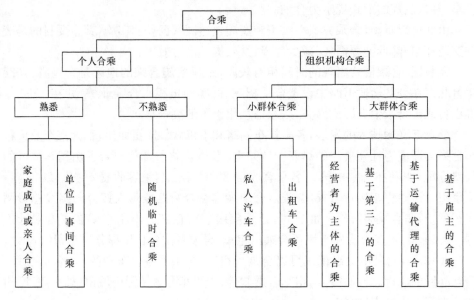

图 2.1　合乘类型图

　　图 2.1 表明,合乘类型主要包括基于个人出行的合乘和基于组织机构的合乘[7,8]。基于个人的合乘主要分为两类:熟悉合乘和不熟悉合乘。熟悉合乘是指合乘的双方都认识且有共同的出行目的地,共包括两类:家庭成员或亲人的合乘或单位同事上下班或出行时的合乘。不熟悉合乘是指合乘的双方都不认识且具有随机临时的性质,与合乘方共同达到相同或相近的目的地,主要针对点到点的合乘。基于组织机构的合乘是指利用专门运营的组织或企业实现不同人员之间的合乘。组织机构或企业提供合乘所需的服务平台,或提供合乘所需的交通工具,主要包括大群体合乘和小群体合乘。大群体合乘是指合乘的人数大于 4,出行需借助中大型公共交通工具完成,主要包括具有所有权车辆的经营者、具有第三方资格的车辆运营组织和具有运输代理资格的组织。小群体合乘是指合乘中的人数小于或等于 4,在合乘出行中利用中小型交通工具完成,主要包括私人汽车的合乘和小型公共交通工具的合乘,其中小型公共交通工具的合乘中最典型的代表就是出租车合乘。

2.3　合乘的组织模式

　　为了使不同地点的合乘乘客能够准确、及时地到达目的地,根据上述合乘的类型将合乘的组织模式进行归纳,如图 2.2 所示。

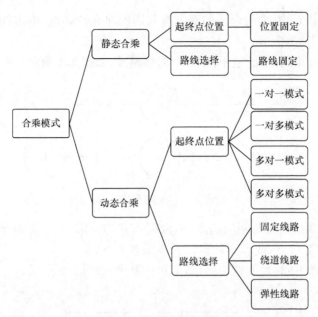

图 2.2 合乘的组织模式

由图 2.2 可知,合乘的组织模式主要包括两类,即静态合乘和动态合乘[9]。静态合乘问题是指合乘对象在合乘环境变量已确定情况下的合乘,包括出行点、目的地、出发时间和路线选择等。合乘的双方根据事先确定好的需求和服务,即可实现合乘。动态合乘问题是指出行的乘客或合乘的乘客在共乘的过程会根据合乘的需求,全部或部分会随时变化,包括出行点、目的地、路线和出发时间等因素。根据交通堵塞、交通事故和天气等实际情况动态调整合乘行驶路线,以满足相应的动态需求。

无论是静态合乘还是动态合乘,按合乘的出行点和目的地可划分为四类[10,11],即一对一模式、一对多模式、多对一模式和多对多模式;按合乘的行驶路线分为固定路线、绕道路线和弹性路线三种。

1. 以出发地和目的地分类

为了更准确地描述合乘的组织模式,设 a 和 b 表示参与合乘的人,S_a 和 S_b 表示合乘人的出行点,f_a 和 f_b 表示合乘人的目的地。

(1) 出行点和目的地分别都相同,即一对一模式,如图 2.3 所示。

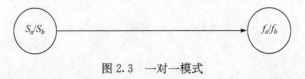

图 2.3 一对一模式

这种合乘模式中,参与合乘的双方有共同的起点和终点,即按约定的时间,同时出发、同时到达的乘客。

(2)出行点相同、目的地不同,即一对多模式,如图2.4所示。

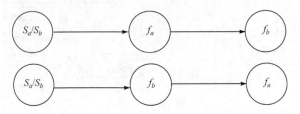

图2.4 一对多模式

这种合乘模式具有相同的起点,但根据乘客的需求,下车点有所不同,可能 a 乘客先下,b 乘客后下;或者 a 乘客后下,b 乘客先下。

(3)出行点不同、目的地相同,即多对一模式,如图2.5所示。

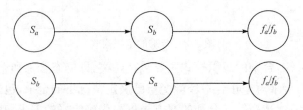

图2.5 多对一模式

这种合乘模式中,乘客 a 和乘客 b 的出行点不同,但具有相同的目的地。

(4)出行点和目的地都不相同,即多对多模式,如图2.6所示。

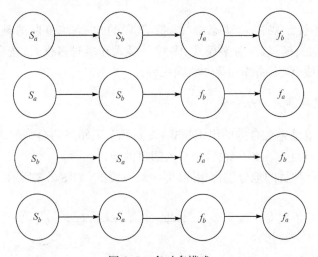

图2.6 多对多模式

这种合乘模式中,乘客 a 和乘客 b 的出行点和目的地都不相同,但根据乘客 a 或乘客 b 上下车的先后次序可以分为四种情况(图 2.6),合乘的距离为合乘人员同时进行合乘运输开始到有一方下车前的距离。多对多模式在合乘中最为复杂。

2. 以合乘路线分类

1) 固定路线

此种路线的合乘仅限固定人员,临时或其他类乘客无法参与,合乘的路线为家到工作单位或家到学校等,如图 2.7 所示。

图 2.7　合乘固定路线图

2) 绕道路线

此种路线的合乘会随乘客与合乘人员的需求随时动态调整,其机动性和服务性最好,但实现过程较为复杂,具体如图 2.8 所示。

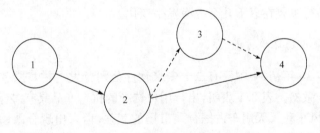

图 2.8　合乘绕道路线图

3) 弹性路线

此种路线的合乘,其乘客上下车的地点固定,合乘的路线也基本固定,当合乘车辆在基本路线上行驶时,可因乘客的需求离开基本路线,绕路行驶,以满足合乘乘客的需求。但考虑到其他乘客的合乘时间,绕道一般在基本路线周围,或呈带状分布,如图 2.9 所示。

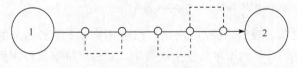

图 2.9　合乘弹性路线图

2.4　城市出租车合乘的现状及存在的问题

2.4.1　城市出租车合乘的现状

随着城市经济的发展,城市化进程进一步提升,受工作、生活、旅游和学习等因素的驱动,在中国一天大约有 4.5 亿人次的出行需求,其中 3000 万～5000 万人是用出租车和专车。出租车原本作为公共运输的补充角色,逐渐与公共交通运输工具并驾齐驱成为运营的主体,但随之而来的"打车难""出行难"成为城市出租车行业和交通管理部门亟须解决的问题。

互联网、物联网、"互联网＋"以及手机应用软件(application,APP)技术的出现,促使出租车行业的运营模式产生变化,借助信息技术出行成为当前人们关注的焦点。据滴滴出行《中国智能出行 2015 大数据报告》的数据显示,2015 年共完成订单 14.3 亿单,累计行驶时间 4.9 亿 h,累计行驶里程 128 亿 km,平均每日为城市减少 114.3 万辆次车的出行。因此,基于"互联网＋"技术的出行方式成为越来越多出行乘客的选择。在互联网和信息技术全面占据人们生活的同时可以看出,城市出租车出行主要在以下几个方面发生变化。

1. 从合乘市场环境方面

截止到 2015 年初,中国已有二十多家软件公司开发了拼车服务产品,国内合拼车市场竞争激烈。表 2.1 表明,出行用户选择的拼车产品具有多样性,虽然嘀嗒拼车、滴滴顺风车和天天用车占据合乘市场的三强,但未出现合乘领域巨头,说明国内拼车软件公司开发的合乘软件技术相当,优先掌握核心和先进合乘技术的软件公司在未来都有机会占据中国拼车市场,成为中国市场的巨头。

表 2.1　2015 年中国合乘市场合乘服务产品所占比例

合乘服务产品	嘀嗒拼车	滴滴顺风车	天天用车	51 用车	微微拼车	其他
市场占比/%	37.1	18.2	10.5	6.9	5.5	39.6

注:此调查为多选,因此各项之和大于 100%

资料来源:企鹅智酷,《2015 年中国拼车市场研究报告》

表 2.2 和表 2.3 表明,在互联网用车服务用户中,有 35.9% 的用户会选择拼车服务,而在拼车 APP 人均单日使用次数中,51 用车拼车软件中用户使用次数最高达 3.4 次/日,说明采用合乘出行的方式正在逐渐被人们认识和接受。

表 2.2　2015 年中国互联网用车服务用户使用情况

用车服务	打车	专车	租车	拼车	代驾
所占比例/%	84.3	45.5	43.7	35.9	26.5

注:此调查为多选,因此各项之和大于 100%

资料来源:艾瑞咨询,《2015 年中国互联网车服务研究报告之拼车》

表 2.3　2015 年 4 月拼车 APP 人均单日使用次数

拼车 APP	51 用车	嘀嗒拼车	天天用车	微微拼车
人均单日使用次数	3.4	2.3	1.7	1.6

资料来源:艾瑞咨询,《2015 年中国互联网车服务研究报告之拼车》

2. 从出行用户合乘服务满意度方面

出行用户由原来的打车和专车渐趋于合乘出行,这表明合乘服务符合人们出行的需求,且服务方式和样式趋于多样化,具体如表 2.4 所示。

表 2.4　出行合乘倾向

出行合乘倾向	节假日出行	即时出行用车需求	固定出行线路	其他
所占比例/%	18.90	34.40	35.00	11.70

资料来源:企鹅智酷,《2015 年中国拼车市场研究报告》

从表 2.4 中可以看出,35.00% 的出行合乘是在固定线路上进行,这也是合乘服务的核心,34.40% 的用户在有即时性需求时会选择合乘服务,这说明合乘服务的产品随着技术的不断完善会逐渐过渡到即时状态,也说明动态合乘将是未来技术研究和突破的重点。

表 2.5 表明,在国内的合乘市场中,38.20% 的出行者更喜欢一对一的合乘活动,53.40% 的出行者对出行没有特别偏好。但是,一对一合乘应该是主流,是研究的重点内容。

表 2.5　出行合乘人数偏好

出行合乘人数偏好	一对一	一对多	无所谓
所占比例/%	38.20	8.40	53.40

资料来源:企鹅智酷,《2015 年中国拼车市场研究报告》

表 2.6 表明,用户拼车出行的频率相对更高,为每周 1~3 次,而每月拼车 1~3 次的用户和每周拼车 1~3 次的用户之和占到拼车用户的 50% 以上,说明用户出行选择合乘的方式相对较高,合乘有一定的市场前景。

表 2.6　2015 年拼车用户使用频率分布

拼车用户使用频率	每周 1～3 次	每月 1～3 次	每月 4 次以上	其他
所占比例/%	25.30	22.50	16.20	36.00

资料来源:艾瑞咨询,《2015 年中国互联网车服务研究报告之拼车》

表 2.7 表明,45.10%的用户对合乘的服务是满意的,15.00%的用户对打车的服务最满意,说明在用车服务中打车的满意度最低。同时,在出行领域中大多数出行者以价格最低的出行方式作为出行首选。

表 2.7　出行服务满意度

出行服务满意度	打车	专车	合乘
所占比例/%	15.00	39.90	45.10

资料来源:企鹅智酷,《2015 年中国拼车市场研究报告》

从上述调查中可以看出,在基于"互联网＋"的出租车市场,合乘逐步成为市场的主体,正在成为人们出行的主要方式,因此合乘新技术的研发和创新有着广泛的市场前景。

3. 从出租车司机方面

从表 2.8 中可以看出,有 64.50%的车主愿意继续提供合乘服务,说明合乘服务确实能给车主带来一些收益和回报。同时,合乘市场的发展离不开出租车司机和合乘者的参与,两者缺一不可,这也是出租车市场未来能进行合乘服务的关键。

表 2.8　出租车司机提供合乘意愿

出租车司机提供合乘意愿	愿意	不一定	不愿意
所占比例/%	64.50	27.50	8.00

资料来源:企鹅智酷,《2015 年中国拼车市场研究报告》

总之,通过对我国城市出租车合乘市场的分析发现,出租车合乘市场相对于专车无须面对监管带来的风险,反而受到政府的鼓励和支持。但目前我国出租车合乘市场正处于初级阶段,相关的理论、技术、服务和盈利模式还不成熟,需要城市管理者继续加大投入,研究者继续提升技术水平,为城市出租车合乘的常态化提供基础。

2.4.2　城市出租车合乘存在的问题

随着出租车市场合乘模式的兴起,合乘已经成为人们出行选择的主要方式之一,但从前面的现状来看,出租车合乘还存在以下几方面的问题。

(1) 相关理论研究较少。目前市场中许多软件公司提供合乘系统软件,但由于合乘系统的研究在国内开展较晚,相关理论研究的深入程度不够,且主要集中在利用智能算法实现合乘匹配上,目前的合乘系统在实际应用时主要针对出行路径固定乘客,且多采用提前预约的模式解决合乘问题[12-14]。对于实时合乘软件系统的开发,由于算法和模型的复杂度较高,无法满足实际合乘系统开发和设计的需求,仍需进一步完善和提高。

(2) 技术不够完善,仍需提升与创新。根据《2015 年中国拼车市场研究报告》可知,在出租车合乘市场中,出行者之中有 23.2% 的用户认为合乘软件的响应速度不够快,有 19.8% 的用户认为合乘需提前预约不便利,15.8% 的用户认为合乘软件使用场景比较局限(用户的个性化需求受限),这说明目前的合乘服务主要针对静态的合乘服务,由于各种服务需求数据的增大,现有的技术已无法支撑新合乘的需求,亟须完善与改进现有的技术体系,加快动态合乘技术的研究,满足用户的个性化需求。

(3) 相关制度不完善,仍需改进。在城市出租车合乘中,有 39.9% 的用户认为缺乏安全感,有 13.6% 的用户认为费用计算不规范,这说明虽然国内城市出租车合乘市场繁荣,但由于相关合乘制度的缺乏,无法保障合乘出行者的利益。由国外城市出租车合乘市场的发展可知,完善的合乘政策是保障合乘出行的关键,同时合乘市场的发展也是促进合乘政策改善的基础。

(4) 合乘附加产品较少,应开展增值服务。目前,出租车合乘的附加产品较少,盈利模式单一,其产业模式主要以合乘服务获得利润,这种发展模式会使合乘服务在长期竞争中走向衰落。借助合乘服务市场,对车主端和用户端提供相应的增值服务,如车辆保险服务、用户就餐、推销等活动,这些增值服务的产生需要大量技术的支撑,对增值服务产品的研发也是今后合乘研究的重点。

从上述问题可以看出,出租车合乘市场的发展离不开新技术、新功能的支持。在目前环境下探讨城市出租合乘的关键技术是出租车合乘市场继续发展的保障和动力,是进一步提升出租车合乘服务水平的基础,是出租车合乘能够长期存在的关键。

2.5　城市出租车合乘系统设计

针对目前合乘软件产品中存在的问题,本节构建了城市出租车合乘系统框架,如图 2.10 所示。

从图 2.10 中可以看出,城市出租车合乘系统技术包括城市出租车合乘数据预处理技术、城市出租车合乘可能性判断建模和城市出租车合乘动态匹配算法设计。

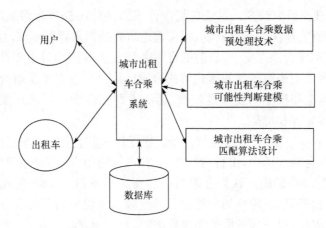

图 2.10　城市出租车合乘系统框架

1. 城市出租车合乘数据预处理技术

对城市出租车合乘而言,用户数据和出租车运行轨迹数据是实现合乘的关键数据,对于用户数据,可借助通信技术或互联网技术获得其出行点、目的地、出发的时间等相关合乘参数,利用数据库原理,建立合乘乘客出行需求数据库;对车辆数据信息,则需通过出租车安装的 GPS 设备,获取车辆运营状态,包括位置、速度、载客状态等信息。由于 GPS 轨迹的采样频率为每秒一次,数据量巨大,而城市交通中出现的拥堵、交通事故等因素,会使出租车 GPS 定位信息产生很多冗余定位点和噪声,同时天气、建筑物等因素也会使采集的数据存在定位信息部分缺失的情形,为此需要对采集的轨迹信息进行预处理,从而满足后期对合乘数据的处理需求。

2. 城市出租车合乘可能性判断建模

城市出租车合乘可能性判断,是城市出租车合乘的重要环节之一,其目的是为后期合乘的成功匹配提供依据。目前大多数的合乘软件,采用合乘乘客预约发送合乘信息的方式进行合乘匹配,当遇到某时段或区域无合乘车辆时则只能显示无法合乘,使乘客合乘等待时间变长,本书提出并建立的城市出租车合乘可能性判断模型,为合乘乘客进行合乘可能性判断提供信息支持,为乘客出行做出更好的决策。

城市出租车合乘的可能性判断主要通过对影响合乘的因素如乘客出行密度、出租车分布率、出租车载客率、合乘者等待时间等进行分析,利用泊松分布概率模型,结合平均到车率、计数时间间隔、空载率、行驶目的地分布率等参数进行建模,计算城市道路的合乘概率和合乘等待时间,为下一步城市出租车的合乘匹配提供基础。

　3. 城市出租车合乘匹配算法设计

　　城市出租车合乘匹配算法是城市出租车合乘关键技术的核心,它是准确进行出租车合乘的基础,主要包括合乘出租车聚类分析、出租车合乘匹配中的乘客匹配和出租车合乘匹配后的车辆路径规划问题。在出租车合乘的乘客匹配中,根据乘客出行信息和出租车运行轨迹的聚类结果,建立到达合乘点距离最短、等待时间最少等因素的合乘匹配评价指标,采用熵权模糊物元评价算法实现合乘出租车匹配方案的评价和排序,提出基于路段节点区域限制和改进 A* 算法的合乘路径规划算法模型,通过对路权矩阵表的调用和判断,实现合乘乘客和出租车在合乘后的路径规划,在保证尽可能多的乘客得到搭乘、出行总费用最少的前提下,实现对用户合乘行驶路径的推荐。

2.6　本章小结

　　本章首先介绍了合乘问题的起源与发展,从合乘的概念引出合乘的类型和合乘的组织模式,并对合乘组织模式中的一对一模式、一对多模式、多对一模式和多对多模式进行说明。通过对滴滴出行《中国智能出行 2015 大数据报告》的数据中合乘环境、出行用户和出租车司机等方面的分析,了解了城市出租车合乘现状,并从合乘相关理论研究较少、合乘技术不够完善、合乘相关制度不完善,以及合乘附加产品较少、应开展增值服务等方面,探讨了目前城市出租车合乘存在的问题。针对目前出租车合乘出现的问题,构建了城市出租车合乘系统框架,对城市出租车合乘数据预处理技术、城市出租车合乘可能性判断建模和城市出租车合乘匹配算法设计进行了介绍。

参 考 文 献

[1] 唐黎标. 国外"拼车"扫描[J]. 交通与运输,2011,27(1):68-69.
[2] 李斌,黄海军. 新加坡道路收费系统的实践和经验[J]. 公路交通科技,2000,17(3):59-62.
[3] Pravin V,韩慧敏. 加利尼亚州车辆合乘系统运行效果[J]. 城市交通,2010,8(4):79-93.
[4] 王春华. 发达国家"拼车"面面观[J]. 交通与运输,2011,27(6):62.
[5] 孙新秋. 车辆合乘匹配问题研究[D]. 济南:山东师范大学,2012.
[6] 张亦楠. 出租车合乘模式下智能匹配问题的研究与实现[D]. 青岛:中国海洋大学,2014.
[7] Chen Y T, Hsu C H. Improve the carpooling applications with using a social community based travel cost reduction mechanism[J]. International Journal of Social Science and Humanity,2013,3(2):87-91.
[8] Yuan N J,Zheng Y,Zhang L,et al. T-finder:A recommender system for finding passengers

and vacant taxis[J]. IEEE Transactions on Knowledge and Data Engineering,2012,25(10)：2390-2403.

[9] 罗超,韩直,乔晓青. 城市出租车合乘技术研究[J]. 交通运输工程与信息学报,2014,(1)：79-86.

[10] 王丽珍. 大城市出租车静态和动态合乘模式的探讨[D]. 长沙：长沙理工大学,2012.

[11] 丁冉. 出租车动态合乘匹配问题研究[D]. 南京：东南大学,2015.

[12] 邵增珍,王洪国,刘弘,等. 车辆合乘匹配问题中服务需求分派算法研究[J]. 清华大学学报(自然科学版),2013,53(2)：252-258,264.

[13] 邵增珍,王洪国,刘弘,等. 基于匹配度聚类算法的单车辆合乘问题[J]. 软件学报,2012,23(zk2)：204-212.

[14] 吴树新. 基于双层遗传算法的城市出租车合乘模型的研究[D]. 大连：大连理工大学,2015.

第 3 章　城市出租车及乘客出行特征分析

随着我国汽车保有量的迅速增加,加之全球定位系统(GPS)技术在城市交通运输中的大量应用,交通运输工具信息数据不断增加,国内城市交通数据的复杂程度也在不断增大,实时准确的大数据分析,成为提高城市交通管理效率的一种途径。利用出租车 GPS 数据,采用统计方法统计出租车的行驶里程、空驶率、空载率、出车率、平均载客次数和载客时长等运行状态特征,为进一步分析和建立城市出租车合乘模型奠定基础。利用空间统计方法,建立乘客出行点均衡度、乘客出行点密集度和乘客出行点的 OD 分布度模型,了解城市出行居民的上、下车空间位置及时间分布,为出租车的合乘研究提供基础。

3.1　城市出租车 GPS 数据处理

GPS 轨迹数据是在时空环境下,通过对一个或多个移动对象过程的采样所获得的数据信息,包括移动对象的位置、速度、时间等,这些数据根据采集数据的时间先后顺序构成移动对象的轨迹数据。

3.1.1　城市出租车 GPS 轨迹数据的产生和构成

城市出租车大多数都安装 GPS,在运行过程中根据采样频率获取出租车公司 ID、出租车 ID、采集时间、空间位置、车辆的移动方向、车辆的移动速度以及车辆的载客状态等信息。GPS 数据的具体结构及样例如表 3.1 和图 3.1 所示。

表 3.1　出租车 GPS 位置数据

列名	数据类型	长度/B	备注
ID	int	4	—
ComompanyID	varchar	50	出租车公司 ID
VehicleSimID	varchar	50	出租车 ID
GPSTime	datetime	8	移动目标采集时间
GPSLongitude	float	8	空间位置
GPSLatitude	float	8	空间位置
GPSSpeed	float	8	移动速度
GPSDirection	float	8	移动方向
PassengerState	int	4	载客状态

ID	VehicleSimID	GPSTime	GPSLongitude	GPSLatitude	GPSSpeed	GPSDirection	PassengerState	ReadFlag	CreateDate
1845873	8068141468962	2010-09-12 02:49:17	118.76139000000001	32.076146000000001	10	316	1	0	2010-09-12 02:...
1845874	8068140116488	2010-09-12 02:49:17	118.77253899999999	31.970051000000002	0	0	0	0	2010-09-12 02:...
1845887	8068141725556	2010-09-12 02:49:17	118.759325	32.033276999999998	0	0	1	0	2010-09-12 02:...
1845891	8066115127931	2010-09-12 02:49:17	118.797606	32.015295000000002	0	0	0	0	2010-09-12 02:...
1845895	8067708336942	2010-09-12 02:49:17	118.774522	32.064605	0	0	1	0	2010-09-12 02:...
1845899	8067708410488	2010-09-12 02:49:17	118.826408	32.021276999999998	27	94	0	0	2010-09-12 02:...
1845900	8067708587466	2010-09-12 02:49:17	118.71468299999999	31.998994	50	126	0	0	2010-09-12 02:...
1845904	8068519254257	2010-09-12 02:49:17	118.769361	32.062899999999999	33	358	1	0	2010-09-12 02:...
1845907	8065851943877	2010-09-12 02:49:17	118.734905	32.028467999999997	0	0	0	0	2010-09-12 02:...
1845915	8067391850244	2010-09-12 02:49:17	118.825751	31.979922999999999	0	0	0	0	2010-09-12 02:...
1845917	8069516135544	2010-09-12 02:49:17	118.82899340000001	32.111890000000002	6	164	1	0	2010-09-12 02:...
1845919	8065851086498	2010-09-12 02:49:17	118.74612300000001	32.021740000000001	0	0	0	0	2010-09-12 02:...
1845920	8069510289132	2010-09-12 02:49:17	118.86706	31.942913000000001	0	246	0	0	2010-09-12 02:...
1845921	8069520679942	2010-09-12 02:49:17	118.734668	32.095556000000002	0	0	1	0	2010-09-12 02:...
1845925	8065125084311	2010-09-12 02:49:17	118.803134	32.128487999999997	0	0	0	0	2010-09-12 02:...

图 3.1　城市出租车 GPS 轨迹数据样例

3.1.2　出租车 GPS 轨迹数据参数预处理

　　GPS 数据采样频率较小,产生的 GPS 数据量巨大,且城市交通中出现的拥堵、交通事故等因素,会使出租车 GPS 会产生很多冗余定位点信息和噪声,同时受天气、建筑物等因素的影响,采集的数据存在一定的信息缺失[1,2],因此需对采集的轨迹信息进行预处理。目前对于浮动车(指安装了车载 GPS 定位装置并行驶在城市主干道路上的出租车)的数据处理主要集中在数据的清洗和数据的修复两方面。处理过程的一般流程是先进行浮动车数据处理,再进行浮动车数据的道路匹配,然后根据道路匹配的结果重建浮动车行驶的路径,最后将浮动车信息(如位置、行驶时间、瞬时速度、时段)与行驶路段信息(如路段长度)进行处理,从而得到出租车GPS 基础数据,其预处理方法如表 3.2 所示。

表 3.2　出租车轨迹数据预处理操作表

内容	条件	操作
字段缺失数据处理	VehicleSimID=0 GPSTime=0 GPSLongitude=0 GPSLatitude=0	将数据删除
字段错误数据处理	GPSTime 不正确 GPSLongitude 不正确 GPSLatitude 不正确	将数据修复
字段异常数据处理	在相同 VehicleSimID 字段下 GPSTime 的时间不连续 GPSLongitude、GPSLatitude 超出城市的经纬度范围	将数据修复

3.1.3　城市出租车载客点数据处理

作为城市出租车合乘基础数据分析的一部分,城市出行者的上、下车位置是本书后期进行出租车合乘匹配的关键信息,也是合乘匹配算法能够实施的基础。鉴于本书先期是利用历史数据验证本书所提算法的准确性,根据出租车 GPS 轨迹数据中包含的载客人员上、下车位置信息和时间等数据,构建出租车 GPS 轨迹数据集为

$$Q = \{t_1, t_2, \cdots, t_n\} \tag{3.1}$$

式中,t_i 表示第 i 组出租车信息集,$t_i = \{\text{ID}, V_C, L_1, L_2, M_T, S, P_Z\}$,$i = 1, 2, \cdots, n$;ID 表示数据的序列号,$V_C$ 表示车辆编号,L_1 表示经度,L_2 表示纬度,M_T 表示出租车数据采集时间,S 表示出租车移动速度,P_Z 表示载客状态。

将 Q 中的出租车数据集根据参数 V_C 和 M_T 对各出租车信息集按车辆编号和时间顺序进行排序,得到数组 $Q_{\text{index}} = \{t_1', t_2', \cdots, t_m'\}$:

$$t_i'(V_C) = t_j'(V_C), \quad i, j \in n \text{ 且 } i \neq j \tag{3.2}$$

$$t_i'(P_Z) = 0, \quad t_j'(P_Z) = 1, \quad i, j \in n \text{ 且 } i \neq j \tag{3.3}$$

$$t_j'(P_Z) = 1, \quad t_{j+1}'(P_Z) = 0, \quad i, j \in n \tag{3.4}$$

式(3.2)表示第 i 组和第 j 组出租车数据为同一辆出租车;式(3.3)表示若第 i 组出租车信息中 P_Z 载客状态为"0",第 j 组出租车信息中 P_Z 载客状态为"1",说明有乘客上车;式(3.4)表示若第 j 组出租车信息中 P_Z 载客状态为"1",第 $j+1$ 组出租车信息状态为"0",说明有乘客下车,分别将 V_C 相同且 P_Z 状态改变的数据信息存入乘客上下车点数据集 Q',即 $Q' = \{t_i', t_j', t_{j+1}', \cdots\}$。

3.2　城市出租车及乘客出行特征

利用出租车 GPS 轨迹数据分析城市出租车的运行状态,能够了解城市出租车运行状况、分布状况和载客状况,对出租车合乘建模研究具有重要的实践应用价值。出租车运行特征分析主要运用统计学方法从宏观角度对出租车行驶里程、出租车空驶率及空载率、出租车的出车率、平均载客次数和载客时长等特征进行统计分析[3-5]。城市出租车乘客出行点特征分析主要运用统计学理论和信息熵理论对乘客出行的距离和时间进行分析,了解出行居民在城市空间的分布特征,为城市出租车合乘的影响因素分析提供基础。

3.2.1　城市出租车出行特征

利用出租车 GPS 数据分析出租车出行特征,相对于传统调查方式,此种方式

简单且调查结果准确,是出租车运行分析的一种有效方法。本节利用2014年9月份南京市区7668辆出租车每天的道路轨迹GPS数据进行南京市出租车的运行特性分析。

　　根据GPS数据处理和修复的方法,对得到的有效GPS数据,按照不同时段、不同行政区域统计分析南京市出租车的运行状态特征。

1. 出租车行驶里程

　　城市出租车的行驶里程主要包括城市出租车的空载行驶里程、载客行驶里程和总行驶里程三部分[4],关系如下:

$$S_{sum} = S_{Nload} + S_{load} \tag{3.5}$$

式中,S_{sum}表示出租车总行驶里程,其值为空载行驶里程与载客行驶里程之和;S_{Nload}表示出租车空载行驶里程;S_{load}表示出租车载客行驶里程。

　　对南京市2014年9月份出租车每天的GPS数据进行统计分析,其中9月16日0:00~23:00时段出租车总行驶里程、空载行驶里程和载客行驶里程如图3.2和图3.3所示。

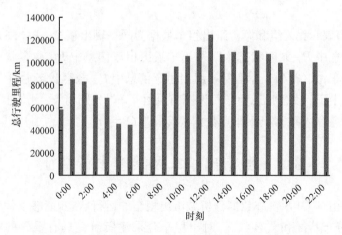

图3.2　南京市2014年9月16日出租车总行驶里程图

　　从图3.2可以看到,南京市出租车单日各时段总行驶里程呈曲线分布,在人们正常工作时间内,出租车总行驶里程较高,而在凌晨4:00~5:59出租车总行驶里程较低。从图3.3可以看到,南京市单日各时段空载行驶里程相对稳定,变化相差不大,但从载客行驶里程发现,在人们正常工作时间内,出租车载客行驶行驶里程较高,而在凌晨时间段出租车载客行驶里程较低。对出租车总行驶里程、空载行驶里程和载客行驶里程的分析,有助于了解城市出租车的行驶里程分布情况、出行者的出行情况以及出租车的运营情况。

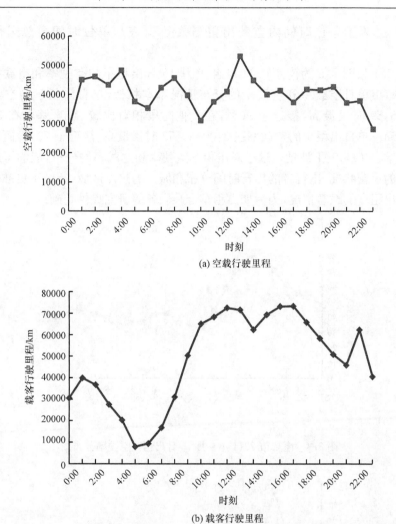

(a) 空载行驶里程

(b) 载客行驶里程

图 3.3　南京市 2014 年 9 月 16 日出租车空载行驶里程及载客行驶里程分布图

2. 出租车空驶率

出租车空驶率是指出租车空载行驶里程数与出租车总行驶里程之比,即

$$K_{\text{empty}} = \frac{S_{\text{Nload}}}{S_{\text{sum}}}$$ (3.6)

出租车空载率是指单位时间内空载车辆与总车辆的比值,即

$$K_{\text{Nload}} = \frac{N_{\text{Nload}}}{N_{\text{sum}}}$$ (3.7)

式中，N_{Nload} 表示单位时间内空载出租车数；N_{sum} 表示单位时间内总运行出租车数。

图 3.4 和图 3.5 为南京市 2014 年 9 月 16 日出租车的空驶率和空载率分布图。南京市单日空载率和空驶率的分布情况基本相似，单日出租车的空驶率在 3:00～5:59 时段最高，接近于 90%，在其他时段相对比较稳定，基本在 30%～50% 波动。单日出租车的空载率在 3:00～5:59 时段最高，接近于 70%，而在其他时段基本在 40% 上下波动。通过对出租车空驶率和空载率的分析，能够了解城市出租车的运营状况、出行者的出行时间分布和城市的热点区域，有助于更准确地了解城市出租车的载客情况，为后期出租车合乘服务的研究提供基础。

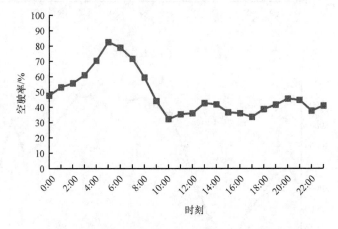

图 3.4 南京市 2014 年 9 月 16 日出租车空驶率分布图

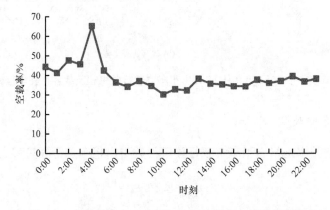

图 3.5 南京市 2014 年 9 月 16 日出租车空载率分布图

3. 出租车载客特征

出租车载客特征反映出租车在载客中的运营特征,主要包括平均载客次数、平均载客时长、平均每次空载距离、平均每次载客距离和出车率。从这些特征的分析中,能够了解出租车的载客状态、载客时长和日常出行时间,为计算城市出租车合乘的概率提供基础。

1) 平均载客次数

平均载客次数是指出租车在单位时间段内的载客次数,反映出租车的利用程度。平均载客次数定义为

$$P_{\text{number}} = \frac{1}{n} \sum_{i=1}^{n} p_{\text{scaryi}} \tag{3.8}$$

式中,p_{scaryi} 表示单位时间内第 i 辆出租车的载客次数;n 表示出租车数。

图 3.6 表明,南京市出租车的平均载客次数在 7:00～16:59 时段为 2～2.5 次/h,而在 2:00～3:59 时段载客次数低于 1 次/h。通过对出租车的平均载客次数的分析,能够了解乘客出行主要集中在正常的工作时间,为合乘实施的时间段提供依据。

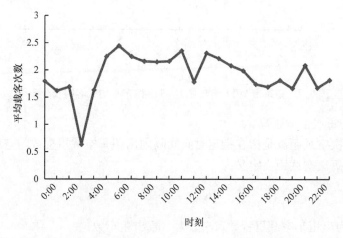

图 3.6　南京市 2014 年 9 月 16 日出租车平均载客次数分布图

2) 平均载客时长

平均载客时长是指出租车单位时间段内载客总时长与载客总次数之比,反映出租车每次服务的时长。平均载客时长定义为

$$P_{\text{time}} = \frac{\sum\limits_{i=1}^{n} p_{\text{stime}i}}{\sum\limits_{i=1}^{n} p_{\text{scary}i}} \tag{3.9}$$

式中，$p_{\text{stime}i}$ 表示单位时间内第 i 辆出租车的载客时长。

从图 3.7 中可以看到，出租车在单日各时段的载客时长呈曲线分布，在 7：00～8：59 时段和 17：00～18：59 时段的载客时间较长，其他时段相对较短。对平均载客时长的分析，能够了解乘客出行的高峰时段以及乘客乘坐出租车的时长，为合乘服务安排提供参考。

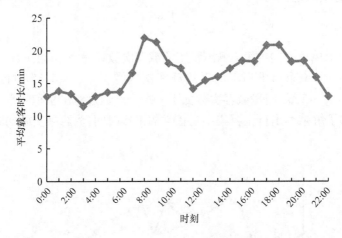

图 3.7　南京市 2014 年 9 月 16 日出租车平均载客时长分布图

3）平均每次空载距离

平均每次空载距离是指在指定时间间隔内出租车空载里程数与空载出租车数之比。平均每次空载距离定义为

$$\bar{K}_{\text{empty}} = \frac{S_{\text{Nload}}}{N_{\text{Nload}}} \tag{3.10}$$

式中，S_{Nload} 为出租车空载里程数；N_{Nload} 为空载出租车数。

从图 3.8 中可以看到，出租车在单日各时段的平均每次空载距离呈曲线分布，在 3：00～6：59 时段出租车平均每次空载距离为 15～30km，其他时段相对较短。对出租车平均每次空载距离的分析，能够了解各时段出租车的空载行驶距离，为后续合乘服务的时段提供参考。

4）平均每次载客距离

平均每次载客距离是指在指定时间间隔内出租车载客里程数与载客出租车数之比。平均每次载客距离定义为

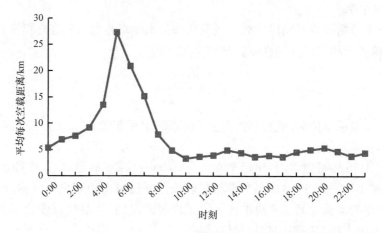

图 3.8　南京市 2014 年 9 月 16 日出租车平均每次空载距离分布图

$$\overline{K}_{\text{load}} = \frac{S_{\text{sum}} - S_{\text{Nload}}}{N_{\text{sum}} - N_{\text{Nload}}} \tag{3.11}$$

式中，$\overline{K}_{\text{load}}$ 表示出租车平均每次载客距离；S_{sum} 表示出租车总的行驶里程；S_{Nload} 表示出租车空载行驶里程；N_{sum} 表示单位时间内总运行出租车数；N_{Nload} 表示单位时间内未载客出租车数。

　　从图 3.9 中可以看到，出租车在单日各时段的平均每次载客距离呈曲线分布，在整个出行时段中，出租车平均每次载客距离为 4～8km，说明出租车载客主要以中短途距离为主。对出租车平均每次载客距离的分析，能够了解各时段出租车载客的行驶距离，为乘客合乘距离的研究提供参考。

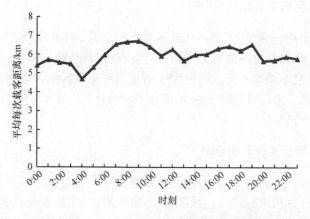

图 3.9　南京市 2014 年 9 月 16 日出租车平均每次载客距离分布图

5）出车率

出车率是指单位时间段内处于运营状态的出租车数量与调查出租车总数量的比值,反映了出租车的使用强度。出车率定义为

$$V_{rate} = \frac{V_{operate}}{V_{sum}} \tag{3.12}$$

式中,$V_{operate}$表示单位时间段内处于运营状态的出租车数;V_{sum}表示单位时间段内调查的出租车总数。

从图 3.10 中可以看出,出租车在该日 9:00～22:59 时段,出车率稳定在 95% 以上,而在 1:00～7:59 时段出车率相对较低。通过对出租车出车率的分析,能够了解出租车的运营时间主要集中在人们工作时间段内,在凌晨时段出车的人数较少,为合乘中出租车的使用数量提供借鉴。

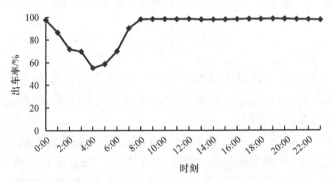

图 3.10　南京市出租车 2014 年 9 月 16 日出车率变化图

3.2.2　城市出租车乘客出行特征

为了分析出租车乘客出行点与合乘之间的关系,利用 GPS 数据中的载客状态,对乘客出行距离和时间进行分析,并利用空间统计分析法构建出租车乘客出行点的均衡度、出租车乘客出行点的密度模型和出租车乘客出行点的 OD 分布度,分析城市出租车乘客出行点的时空分布特性[5],为进一步探讨出租车载客点与合乘成功率的关系奠定基础[6-8]。

1. 乘客出行距离和时间分析

对出租车的载客数据进行跟踪,找出乘客上下车的位置和时间,对各时段乘客出行距离和出行时长进行统计。从图 3.11 可以看出,出租车乘客的出行时长主要集中在小于 40min 的范围内,出行距离主要集中在小于 20km 的范围内;同时,出租车载客行驶同样的距离,在高峰时段出行的时间较长,在低峰时段出行的时间较短。

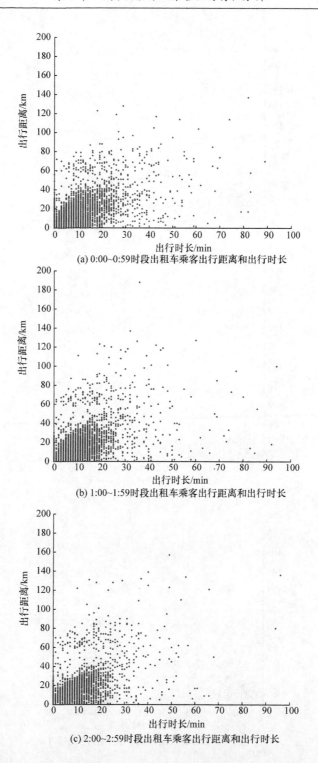

(a) 0:00~0:59时段出租车乘客出行距离和出行时长

(b) 1:00~1:59时段出租车乘客出行距离和出行时长

(c) 2:00~2:59时段出租车乘客出行距离和出行时长

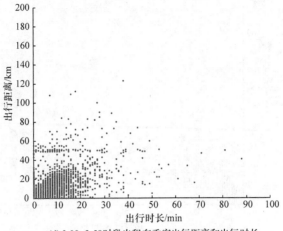

(d) 3:00~3:59时段出租车乘客出行距离和出行时长

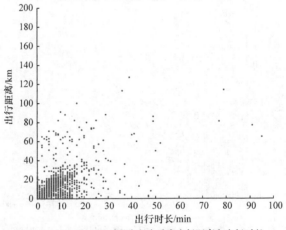

(e) 4:00~4:59时段出租车乘客出行距离和出行时长

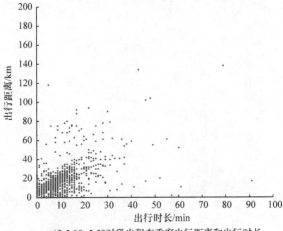

(f) 5:00~5:59时段出租车乘客出行距离和出行时长

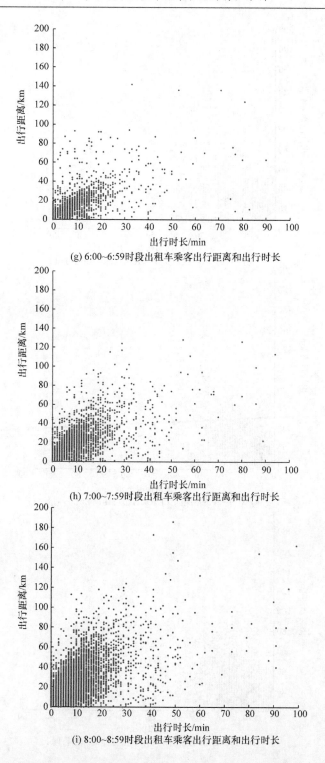

(g) 6:00~6:59时段出租车乘客出行距离和出行时长

(h) 7:00~7:59时段出租车乘客出行距离和出行时长

(i) 8:00~8:59时段出租车乘客出行距离和出行时长

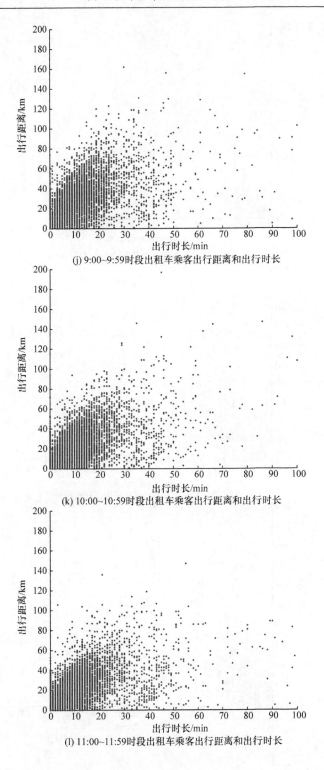

(j) 9:00~9:59时段出租车乘客出行距离和出行时长

(k) 10:00~10:59时段出租车乘客出行距离和出行时长

(l) 11:00~11:59时段出租车乘客出行距离和出行时长

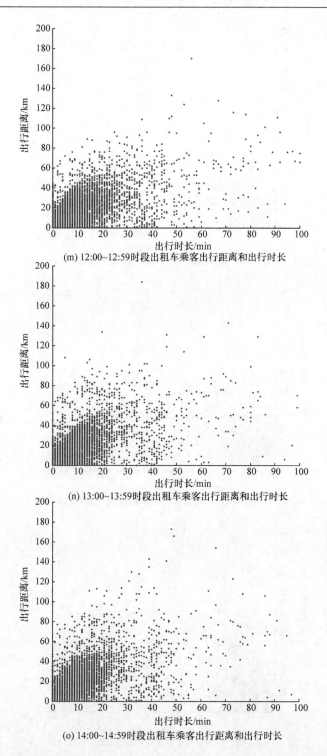

(m) 12:00~12:59时段出租车乘客出行距离和出行时长

(n) 13:00~13:59时段出租车乘客出行距离和出行时长

(o) 14:00~14:59时段出租车乘客出行距离和出行时长

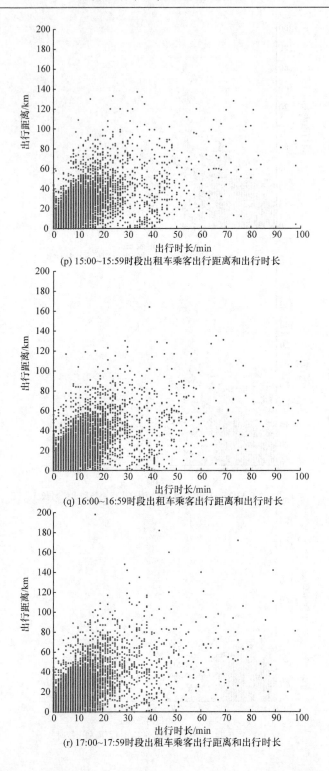

(p) 15:00~15:59时段出租车乘客出行距离和出行时长

(q) 16:00~16:59时段出租车乘客出行距离和出行时长

(r) 17:00~17:59时段出租车乘客出行距离和出行时长

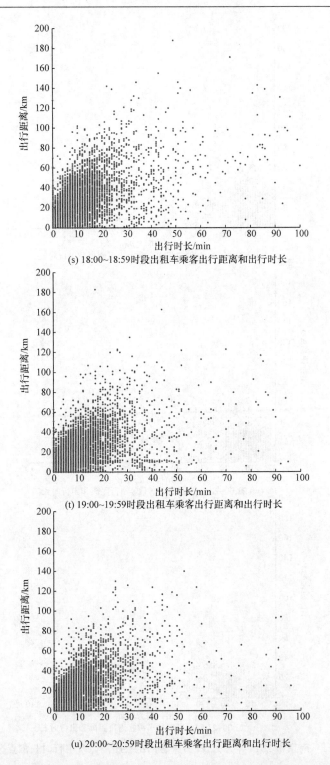

(s) 18:00~18:59时段出租车乘客出行距离和出行时长

(t) 19:00~19:59时段出租车乘客出行距离和出行时长

(u) 20:00~20:59时段出租车乘客出行距离和出行时长

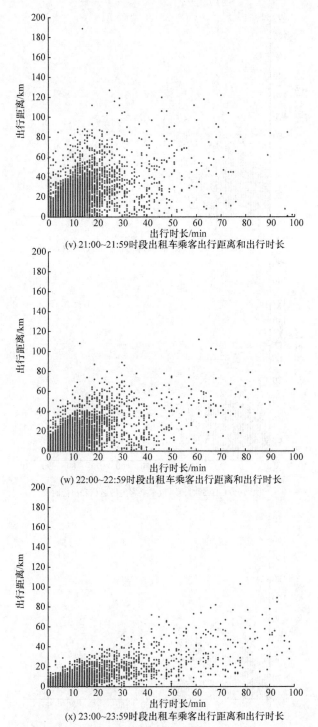

(v) 21:00~21:59时段出租车乘客出行距离和出行时长

(w) 22:00~22:59时段出租车乘客出行距离和出行时长

(x) 23:00~23:59时段出租车乘客出行距离和出行时长

图 3.11　南京市 2014 年 9 月 16 日乘客的出行距离以及出行时长散点分布图

　　利用双对数坐标系,绘出不同出行距离和不同出行时长的频次,对城市出租车乘客出行距离和出行时长之间的关系进行分析。

　　从图 3.12 和表 3.3 可以看出,2014 年 9 月 16 日南京市出租车乘客单次出行距离的最大值主要集中在 3～10km 和 10～20km 这两个距离段,其单次出行距离分布频次占所有单次出行距离分布频次的近 70%。单次出行距离的最小值主要分布在 30km 以上的距离段。对该日出租车乘客出行距离频次的统计可以发现,城市居民的出行主要以中短距离为主,乘坐出租车长距离出行较少。

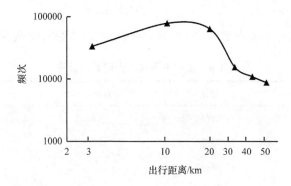

图 3.12　南京市 2014 年 9 月 16 日乘客的出行距离以及频次分布图

表 3.3　南京市乘客出行距离累计表

乘客平均出行距离/km	频次	百分比/%	累计百分比/%
[0,3)	33320	15.88	15.88
[3,10)	77906	37.13	53.01
[10,20)	63393	30.20	83.21
[20,30)	15519	7.40	90.61
[30,40)	10911	5.20	95.81
[40,+∞)	8785	4.19	100.00

　　从图 3.13 和表 3.4 可以看出,2014 年 9 月 16 日南京市出租车乘客单次乘坐出租车出行时长主要集中在 10～19min 和 20～29min 两个时段,其单次出行时长分布频次占总时长分布频次的 70% 左右。对该日出租车乘客出行时长频次的统计发现,出行在 30min 内的乘客为出租车的主要服务对象,为合乘中对于出行者的出行时间研究提供基础。

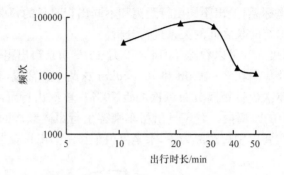

图 3.13　南京市 2014 年 9 月 16 日乘客的出行时长以及频次分布图

表 3.4　南京市乘客出行时长累计表

乘客平均出行时长/min	频次	百分比/%	累计百分比/%
[0,10)	36764	17.52	17.52
[10,20)	78735	37.52	55.04
[20,30)	69806	33.27	88.31
[30,40)	13666	6.51	94.82
[40,+∞)	10863	5.18	100.00

2. 乘客出行点的均衡度

出租车乘客出行点的均衡度反映乘客出行的分布情况。这里引入信息熵概念分析乘客出行均衡度。信息熵是结果不确定性的度量,值越大表示不确定性越大,值越小表示不确定性越小[9-11]。下面根据信息熵理论构建乘客出行的均衡度模型。

设城市的行政区域数为 n,变量 t_i 表示出租车乘客出行点随机落入第 i 个区域单位面积的个数,概率为 $F(t_i)$,$i=1,2,\cdots,n$,则出租车乘客出行点的熵值可以表示为

$$H = \sum_{i=1}^{n} F(t_i) \log_2 F(t_i) \tag{3.13}$$

若所有的乘客出行点均落入一个区域,乘客出行点落入该区域单位面积的概率为 1,落入其他区域单位面积的概率为 0,则信息熵最小;若所有的乘客出行点平均落入所有的区域,即落入各区域单位面积的概率相等,$F(t_1)=F(t_2)=\cdots=F(t_n)=1/n$,其信息熵最大记为 $H_{\max}$。为了方便比较,将信息熵归一化,其中 H 为信息熵,$H_{\max}$ 为最大信息熵[12],定义为

$$G = H/H_{max} \tag{3.14}$$

式中,G 表示出租车乘客出行点的均衡度,G 越小,信息熵越小,说明乘客的出行点并不是平均分布在每个区域之内,而是集中在某几个区域内,因此出租车乘客出行点的分布越不均衡。G 越大,信息熵越大,说明乘客的出行点分布约近似于平均分布在每个区域之内,因此出租车乘客出行点的分布越均衡。因为 $H \leqslant H_{max}$,所以 $0 \leqslant G \leqslant 1$,根据伴晓淼[13]的研究结论:若 $G < 0.55$,则分布很不均衡;当 $0.55 \leqslant G < 0.6$ 时,分布不均衡;当 $G \geqslant 0.6$ 时,分布均衡。

南京市地处中国东部地区,为江苏省的省会,共包含 11 个区,总面积为 6587km² ,人口 800 多万,具体如图 3.14 所示。

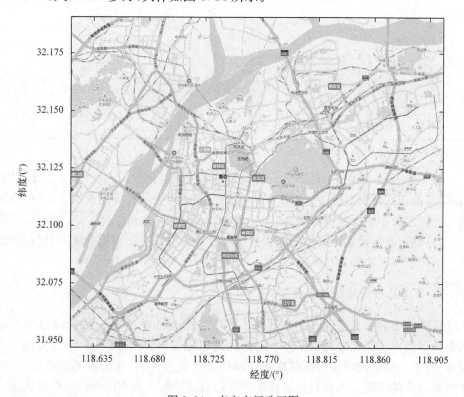

图 3.14　南京市行政区图

为分析南京市出租车乘客出行点的均衡度,根据各区的经纬度范围计算各区的乘客出行点数,利用均衡度公式计算南京市的出租车乘客出行点的均衡度,如表 3.5 所示。

表 3.5　南京市出租车乘客出行点的均衡度

序号	行政区	面积/km²	出行点数量/个	出行点密度/(个/km²)	乘客出行点信息熵	均衡度
1	秦淮	49.11	95350	1941.56	0.2828	
2	玄武	75.46	57301	759.36	0.1106	
3	鼓楼	54.18	184362	3402.77	0.4957	
4	建邺	81.75	33780	413.21	0.0602	
5	栖霞	395.38	14776	37.37	0.0054	
6	雨花台	132.39	38146	288.13	0.0420	0.5427
7	江宁	1563.33	18235	11.66	0.0017	
8	浦口	910.51	5364	5.89	0.0009	
9	高淳	790.23	840	1.06	0.0002	
10	六合	1471.00	1912	1.30	0.0002	
11	溧水	1063.68	2953	2.78	0.0004	
	总计	6587.02	453019	6865.09	—	—

资料来源:南京市统计年鉴(2016年度)

表3.5表明,鼓楼区、秦淮区、玄武区、建邺区和雨花台区的乘客出行点信息熵较高,其他各区则明显低于这五个区。从表3.5的均衡度计算结果发现,南京市的乘客出行点分布很不均衡,主要集中在鼓楼、秦淮和玄武等行政区,乘客出行点密度大,其他行政区乘客出行点分布少且密度较小。对乘客出行均衡度的分析,有助于了解出租车乘客的出行情况。

3. 乘客出行点的密度模型

山峰聚类算法是由 Yager 和 Filev 在 1996 年提出的一种大致估计聚类中心的有效聚类算法。通过对数据样本空间的网格划分,将网格交叉点作为候选中心点,经过不断修改山峰函数而获取新的网格交叉点最大值,作为新的聚类中心,以实现对数据的聚类。本书利用山峰聚类算法对出租车的乘客出行点信息数据集 T 进行类中心的寻找,将数据域划分为多个较小的网格,估计每个网格的数据密度,数据密度高的区域称为山峰,数据密度最大的点作为山顶,也就是类中心[14-16]。

具体算法如下。

(1)根据样本的密度分布,构造样本空间网格,网格的交叉点集为 $V=\{v_1,v_2,\cdots,v_n\}$。

(2)构造密度指标的高斯型山峰函数,点 $v_j\in V$,山峰函数的高度为

$$m(v_j) = \sum_{i=1}^{n} \exp(-\parallel v_j - x_i \parallel^2 / (2\delta^2))　\quad(3.15)$$

式中，n 为数据样本数；v_j 为待计算的第 j 个网络交叉点；x_i 为第 i 个样本点；δ 为聚类系数。

（3）从 V 中选取山峰函数值中的最大点，作为一个聚类中心，即

$$m(c_i) = \max(m(v_i))　\quad(3.16)$$

（4）利用聚类中心的数据集 $m(v_j)$ 减去在 $m(c_i)$ 处已辨识过的聚类中心比例高斯函数，并构成新的山峰函数，再选择 V 中最大的山峰函数点为第二聚类中心：

$$m_{\max}(v_j) = m(v_j) - m(c_i)\exp(-\parallel v_j - x_i \parallel^2 / (2\beta^2))　\quad(3.17)$$

（5）根据样本空间设定聚类中心数，重复步骤（4），直至得到所需的聚类数。

若乘客出行点位于位置 $P(p_x, p_y)$，则分别与各类聚类中心求差。$P(p_x, p_y)$ 表示乘客出行点的 GPS 经纬度坐标，$v_j(v_x, v_y)$ 表示山峰聚类中心的经纬度坐标。

若乘客出行点的位置与山峰聚类中心点的位置越近，说明该乘客出行点位于密度高区域，反之则在低密度区域。

以南京市 2014 年 9 月 16 日出租车乘客出行点数据为例，利用山峰聚类算法计算南京市出租车乘客出行点各时段的分布特征，MATLAB 软件处理的结果如图 3.15 所示。

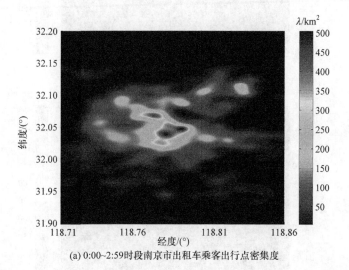

(a) 0:00~2:59时段南京市出租车乘客出行点密集度

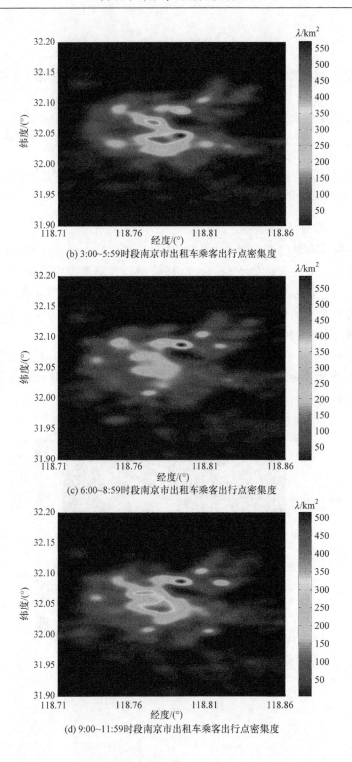

(b) 3:00~5:59时段南京市出租车乘客出行点密集度

(c) 6:00~8:59时段南京市出租车乘客出行点密集度

(d) 9:00~11:59时段南京市出租车乘客出行点密集度

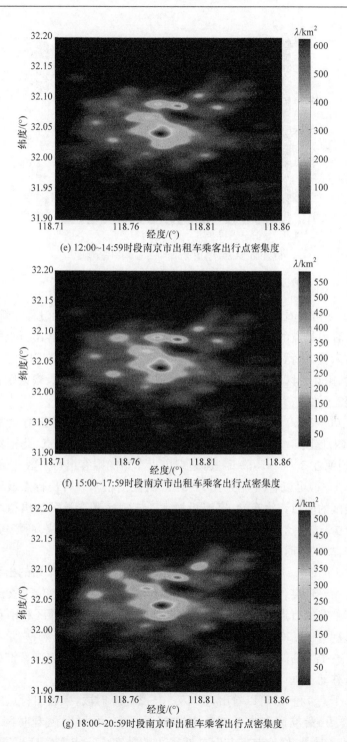

(e) 12:00~14:59时段南京市出租车乘客出行点密集度

(f) 15:00~17:59时段南京市出租车乘客出行点密集度

(g) 18:00~20:59时段南京市出租车乘客出行点密集度

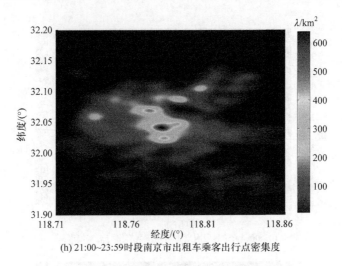

(h) 21:00~23:59时段南京市出租车乘客出行点密集度

图 3.15　南京市出租车乘客出行点密集度变化图

从图 3.15 可以看出南京市出租车乘客出行点密度变化的过程。颜色越亮,表示出租车乘客出行点的密集度越高;颜色越暗,表示出租车乘客出行点的密集度越低。从整体来看,出租车的乘客出行点主要集中于南京市的鼓楼区、玄武区、秦淮区、建邺区和雨花台区等中心城区,这些区域有商业区、娱乐区、餐饮区、政府机构、医院、学校和车站等。

对比 0:00~2:59 和 3:00~5:59 两个时段的出租车乘客出行点密度变化过程,图 3.15(a)比图 3.15(b)多出一个出租车乘客出行点密集点,此密集点为南京市火车站,说明在 3:00~5:59 时段,南京市火车站的乘客出行点数开始逐渐增多。

从图 3.15(c)可以看出,在 6:00~8:59 时段出租车乘客出行点最密集的地点是位于鼓楼区的南京市火车站,客流量最大。玄武区和秦淮区的出租车乘客出行点则相对较少,这与这几个区的功能有关,政府部门、事业单位、商场等都在 9:00 后开始工作,故这个时段出租车乘客出行点较少。

从图 3.15(d)、(e)、(f)可以看出,位于鼓楼区的南京市火车站的出租车乘客出行点密集度始终较高,火车站是出租车乘客出行的高发地区。位于玄武区和秦淮区的出租车乘客出行点的密集度范围逐渐变小,且缓慢向建邺区和雨花台区两个方向移动,说明在 9:00~14:59 时段,人们的出行主要以工作、购物、学习等活动为主;在 15:00~17:59 时段,人们的出行主要以休闲为主,其主要向秦淮区的夫子庙和雨花台区移动。

从图 3.15(g)和(h)可以看出,在 18:00~23:59 时段,乘客出行点的密集度又开始向鼓楼区、秦淮区和玄武区等餐饮娱乐区移动,同时随着时间的推移,在 21:00~23:59 时段,位于南京市火车站周边的乘客出行点密集度逐渐减少,这符合火车站客流的一般规律,时间越晚始发的火车列次减少,火车主要是过路停靠,客流大幅减少,出租车乘客出行点的人数也在急剧下降。

通过对出租车乘客出行点密集度的分析可以发现乘客出行的热点区域,为合乘所服务的区域研究提供基础。

4. 乘客出行点的 OD 分布度

乘客出行的起点和终点(original & destination points),简称 O 点和 D 点。OD 时空分布是指在现有的行政区域划分范围内,各时段内乘客出行的起点到终点的数量分布。在单一时刻或较短的时间段内它就是一个二维矩阵,称为 OD 时空分布矩阵[17-20]。通过分析各区域的出租车乘客出行点的 OD 时空分布矩阵,可为出租车合乘效果的改善和提高提供技术基础。设城市行政区域的个数为 n,则 OD 分布矩阵为

$$OD=\begin{bmatrix} od_{11} & od_{12} & od_{13} & \cdots & od_{1n} \\ od_{21} & od_{22} & od_{23} & \cdots & od_{2n} \\ \vdots & \vdots & \vdots & & \vdots \\ od_{n1} & od_{n2} & od_{n3} & \cdots & od_{nn} \end{bmatrix} \tag{3.18}$$

式中,od_{ij} 表示某时间段内从第 i 个区域到第 j 个区域的出租车乘客出行点的累加值。

设某时间段内南京市的出租车乘客出行的总量为 TotalOD,定义如下:

$$TotalOD = \sum_{i=1}^{n}\sum_{j=1}^{n} od_{ij} \tag{3.19}$$

$$LI = \frac{od_{ij}}{TotalOD}, \quad i=1,2,\cdots,n, j=1,2,\cdots,n \tag{3.20}$$

LI 表示某时间段内从第 i 个区域到第 j 个区域的出租车乘客出行量占整个城市的出租车乘客出行总量的比例,得到各区域间的出租车乘客出行量比例矩阵为

$$BL=\begin{bmatrix} LI_{11} & LI_{12} & LI_{13} & \cdots & LI_{1n} \\ LI_{21} & LI_{22} & LI_{23} & \cdots & LI_{2n} \\ \vdots & \vdots & \vdots & & \vdots \\ LI_{n1} & LI_{n2} & LI_{n3} & \cdots & LI_{nn} \end{bmatrix} \tag{3.21}$$

以南京市 2014 年 9 月 16 日出租车乘客出行点数据为例,利用 MATLAB 软件计算 OD 矩阵,结果如图 3.16 所示。

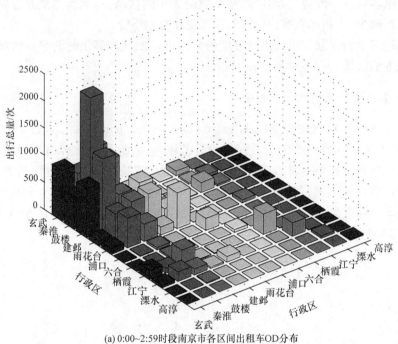

(a) 0:00~2:59时段南京市各区间出租车OD分布

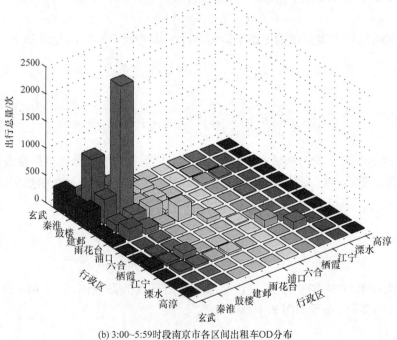

(b) 3:00~5:59时段南京市各区间出租车OD分布

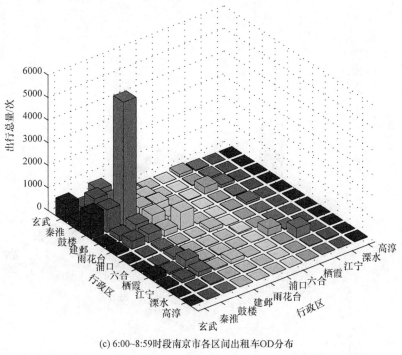

(c) 6:00~8:59时段南京市各区间出租车OD分布

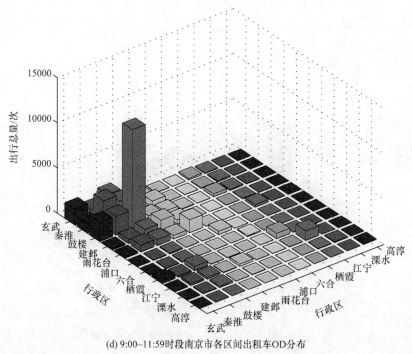

(d) 9:00~11:59时段南京市各区间出租车OD分布

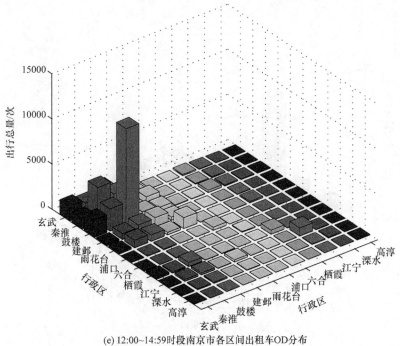

(e) 12:00~14:59时段南京市各区间出租车OD分布

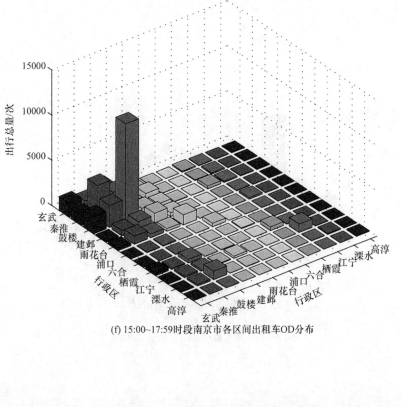

(f) 15:00~17:59时段南京市各区间出租车OD分布

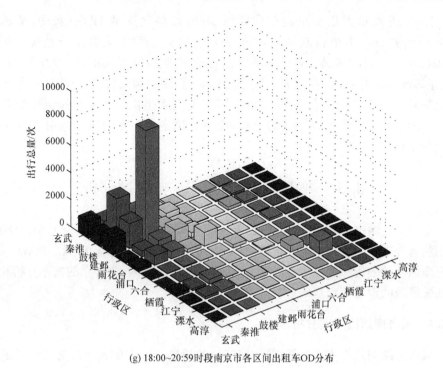

(g) 18:00~20:59时段南京市各区间出租车OD分布

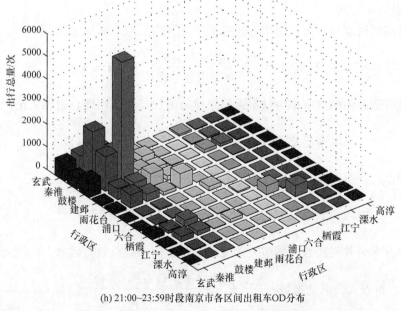

(h) 21:00~23:59时段南京市各区间出租车OD分布

图 3.16 南京市各时段各区间出租车 OD 分布图

　　图 3.16 表示南京市出租车乘客每 3h 时段各区间的 OD 分布图,X 轴和 Y 轴表示南京市 11 个行政区域,Z 轴表示各区间出租车乘客出行总量。从图 3.16(a)~(h)可以发现,出租车乘客出行流主要集中于秦淮区、鼓楼区、玄武区、建邺区和雨花台区,在这五个区之间移动,频率和频次较高,这表明一天中出行的乘客主要集中在南京市中心城区,同时人们乘坐出租车主要是以中短距离为主。通过对出行者 OD 矩阵的分析,能够为确定出租车合乘对象分布的主要区域提供依据。

3.3　城市出租车合乘影响因素分析

　　通过上述城市出租车运行特征以及出租车乘客出行特征的分析可知,影响城市出租车合乘的主要因素有三个,即城市道路网、城市出租车和出租车乘客[21,22]。对三个因素的分析和探讨将有助于全面、深入地分析合乘,为合乘的概率分析和合乘匹配模型的建立奠定基础。

3.3.1　城市道路网影响分析

　　城市道路网是指不同功能、等级和区位的道路以一定的密度和方式组成的网络结构,以满足城市交通及其他需求。通常利用道路网密度、城市道路面积密度率、城市人均道路面积和每万人公共交通数等作为基本的指标来评价城市道路网的通达性。

　　道路网密度为城市道路中心线总长度与城市用地总面积之比:

$$道路网密度 = \frac{城市道路中心线总长度}{城市用地总面积}(km/km^2)$$

　　城市道路面积密度率为城市道路用地总面积与城市用地总面积之比:

$$城市道路面积密度率 = \frac{城市道路用地总面积}{城市用地总面积}(\%)$$

　　城市人均道路面积为城市道路总面积与城市居民总人口之比:

$$城市人均道路面积 = \frac{城市道路总面积}{城市居民总人口}(m^2/人)$$

　　每万人公共交通数为城市公共交通运营车辆(标台)数与城市人口数之比:

$$每万人公共交通数 = \frac{城市公共交通运营车辆(标台)数}{城市人口数}(辆/万人)$$

　　城市道路网的通达性高,出租车作为城市交通的补充,具有更高的吸引力,可满足城市出行者对不同出行目的地的需求,增加出行者乘坐出租车的概率,从而提升出租车运营能力。出租车运营能力的提升,能提高出行者选择合乘的机会,进而为出租车合乘模式的实施提供基础。因此,城市道路网的发展决定了城市出租车合乘的可能性。

3.3.2　城市出租车影响分析

出租车作为城市公共交通的补充,凭借其全时段、快速便捷、点对点的服务等特点,成为城市居民出行选择的一种方式,也是实现城市合乘的关键环节,其影响因素主要包括出租车数量和出租车载客率。

1. 出租车数量

从 3.2 节的分析可以看出,减少出租车数量,可以提高出租车单次运营中的载客人数,提升出租车的载客能力,缓解道路的拥堵,减少环境污染。对合乘而言,较少的出租车数量,会增加出行者选择合乘的概率,提高合乘实施的效果。但是过少的出租车数量,又会降低出行者打到出租车的概率,增加“打车难”问题的严重性。

增加出租车数量,可以解决“打车难”问题,但会降低出租车单次运营中的载客能力,加大道路拥堵的概率。对乘客来说,打到出租车的概率会提升,选择合乘方式的可能性就会降低,影响合乘的实施效果,因此合理的出租车数量是合乘实施的核心,也是后期开展合乘可能性探讨的重要依据。

2. 出租车载客率

出租车载客率反映的是出租车的运营状态和运营效率。若出租车载客率较低,说明空载的车辆较多,出行者出行打到出租车的概率就会增大,选择合乘方式出行的概率就会降低。若出租车载客率较高,说明空载的车辆较少,出行者出行打到出租车的概率就会降低,选择合乘方式出行的概率就会增大。因此,出租车载客率的变化对合乘有一定的影响。

3.3.3　出租车乘客影响分析

出租车合乘的前提是出租车的载客率要高,而乘坐出租车出行的人数、出行的时间段和出行点的位置是出行乘客能否乘坐出租车出行的关键,因此本节将分析上述三个因素对出租车合乘的影响。

1. 出租车乘客人数

对于城市来说,若乘坐出租车的乘客人数较少,出行都选择其他公共交通工具,出租车进行合乘的概率就会减少;反之,乘坐出租车出行的乘客人数较多,提供合乘的出租车就会增加,选择出租车合乘出行的乘客也会增多。

2. 出租车乘客出行时间段

城市的出行者主要包括通勤人员、学生和旅游者等,若在同一时间段内出行的人数相对集中或偏多,乘坐出租车出行的人选择出租车合乘的可能性就会增多;反之,同一时间段内出行的人数相对较少,可供选择出租车数量较多,选择合乘的人数就会减少,降低合乘的可能性。

3. 出租车乘客出行点

对于城市出行者,出行的位置决定是否可以在合适的地点乘坐出租车。若出行点位置偏于中心城区或位于城市的非主干道路,出租车经过的概率较小,选择合乘出行方式的概率则会降低;相反,若出行者出行点位置位于中心城区或城市的主干道路,出租车经过的概率较大,选择合乘出行方式的概率就会增大。因此,乘客出行点的位置对于合乘的影响较大。

3.4　本章小结

本章介绍了 GPS 数据处理的方法,以南京市出租车轨迹数据为对象,从出租车行驶里程、出租车空驶率和出租车载客特征三方面,按照不同时段、不同行政区域统计分析了城市出租车的出行特征。利用 GPS 数据中载客状态和空间统计分析法,从出租车乘客出行的距离及时间、乘客出行点的均衡度和乘客出行点的分布度三个角度介绍了出租车乘客的出行特征,并以此为基础分析了出租车数量、出租车载客率、出租车乘客人数、出租车乘客出行时间段和出租车乘客出行点对城市出租车合乘的影响。

参 考 文 献

[1] Yue Y,Wang H D,Hu B,et al. Exploratory calibration of a spatial interaction model using taxi GPS trajectories[J]. Computers, Environment and Urban Systems, 2012, 36 (2): 140-153.

[2] Yuan H,Qian Y,Yang R,et al. Human mobility discovering and movement intention detection with GPS trajectories[J]. Decision Support Systems,2014,63(3):39-51.

[3] Quddus M,Washington S. Shortest path and vehicle trajectory aided map-matching for low frequency GPS data[J]. Transportation Research Part C:Emerging Technologies,2015,55: 328-339.

[4] 张健钦,仇培元,杜明义. 基于时空轨迹数据的出行特征挖掘方法[J]. 交通运输系统工程与信息,2014,14(6):72-77.

[5] 杨东授,段征宇. 大数据环境下城市交通分析技术[M]. 上海:同济大学出版社,2015.

[6] 祁文田. 基于 GPS 数据的出租车载客点空间特征分析[D]. 长春:吉林大学,2013.

[7] Fedotkin M A,Fedotkin A M,Kudryavtsev E V. Construction and analysis of a mathematical model of spatial and temporal characteristics of traffic flows[J]. Automatic Control and Computer Sciences,2014,48(6):358-367.

[8] Kim J,Mahmassani H S. Spatial and temporal characterization of travel patterns in a traffic network using vehicle trajectories[J]. Transportation Research Part C:Emerging Technologies,2015,59:375-390.

[9] Ma Z L,Shao C F,Hu D W. Temporal-spatial analysis model of traffic accident frequency on expressway[J]. Journal of Traffic and Transportation Engineering,2012,12:93-99.

[10] Liu X J,Li Q L,Li Y J,et al. Learning with information entropy method for transportation image retrieval[J]. International Journal of Multimedia and Ubiquitous Engineering,2015,10(7):317-328.

[11] Chen Y M,Wu K S,Li X J. A kind of outlier mining algorithm based on information entropy[J]. Control and Decision,2013,28(6):867-872.

[12] Milev M,Inverardi P N,Tagliani A. Moment information and entropy evaluation for probability densities[J]. Applied Mathematics and Computation,2012,218(9):5782-5795.

[13] 伴晓淼. 土地利用结构与产业结构相互关联研究[D]. 北京:中国地质大学,2012.

[14] Pu H Z,Zhen Z Y,Wang D B,et al. Improved jumping gene genetic algorithm for multipeak function optimization[J]. Journal of Nanjing University of Aeronautics and Astronautics,2007,39(6):829-832.

[15] Alexandrov G A,Yamagata Y. A peaked function for modelling temperature dependence of plant productivity[J]. Ecological Modelling,2007,(1/2):189-192.

[16] 陈晓云,敏玉芳,郑良仁,等. 一种快速山峰聚类算法[J]. 计算机应用研究,2008,25(7):2043-2045.

[17] Ji Y X,You Q Y,Jiang S C,et al. Statistical inference on transit route-level origin-destination flows using automatic passenger counter data[J]. Journal of Advanced Transportation,2015,49(6):724-737.

[18] Ji Y X,Mishalani R X G,Mccord M R. Transit passenger origin-destination flow estimation:Efficiently combining onboard survey and large automatic passenger count datasets[J]. Transportation Research Part C:Emerging Technologies,2015,58:178-192.

[19] 姜晓睿,郑春益,蒋莉,等. 大规模出租车起止点数据可视分析[J]. 计算机辅助设计与图形学学报,2015,27(10):1907-1917.

[20] Ickowicz A,Sparks R. Estimation of an origin/destination matrix:Application to a ferry transport data[J]. Public Transport,2015,7(2):235-258.

[21] 曹祎,罗霞. 城市出租车打车软件使用率对空驶率影响研究[J]. 计算机工程与应用,
    2016,52(14):266-270.

[22] Zhang W, He R C, Xiao Q, et al. Taxi carpooling model and carpooling effects simulation[J].
    International Journal of Simulation and Process Modeling, 2017, 12(3/4):338-346.

第4章 城市出租车合乘概率分析

随着中国城市化进程的加快以及出行车辆的剧增,城市道路交通的拥堵问题、环境污染问题越来越成为人们关注的焦点,许多城市采用多种措施解决城市交通拥堵问题,出租车合乘作为方案之一在许多城市实施[1-3],如北京、上海、广州等。因此,研究城市出租车合乘的概率和等候时间问题,为合乘者出行提供更快、更便捷的合乘点参考,对提高城市出租车合乘收益、改善城市出租车合乘效果、缓解交通道路拥堵、减少城市环境污染都有重要的现实意义。

从国内外的研究文献可以发现,出租车的合乘问题一方面集中在合乘的制度、机制和费用等[4-6],主要探讨出租车合乘方式、监督保证体制、费用合理分担等内容;另一方面集中在合乘的算法和模型建立等,主要利用智能算法、数据挖掘、多目标规划等来实现出租车的合乘[7-17]。本章在假定条件下建立城市合乘出租车位置和运行时间的泊松模型,探讨在不同出租车数量、出租车平均行驶速度、出租车空载率和出租车行驶目的地分布下的城市出租车合乘概率和等待时间[18-20],并以城市出租车行驶 GPS 轨迹数据为依托,计算乘客在假定合乘位置点的合乘概率和等待时间,从而对本章提出的模型进行有效性验证和实用性分析。

4.1 合乘概率模型假设

为有效分析和说明城市出租车合乘概率问题,实现对合乘概率问题的求解,本节以南京市雨花南路出租车 GPS 轨迹数据为对象,计算乘客在该路段合乘点位置的合乘概率和等待时间,对泊松模型进行有效性验证和实用性分析。假定条件如下。

(1)出租车司机与乘客都愿意合乘,且每次合乘中合乘的乘客人数均小于出租车内的乘客数。

(2)在道路上行驶的出租车只有两种情况,即空载和载客,且载客的出租车提供合乘服务。

(3)在合乘结束后再进行下一次合乘,不考虑合乘中途进行多次合乘的情况。

(4)出租车行驶速度均匀,忽略交叉口及交通拥堵带来的延误,以及交通状况带来的车速不均匀。

(5)在同一方向车道中,出租车车头间距大于车身长度。

4.2　基于泊松分布的合乘概率建模

泊松分布是统计与概率学中离散概率分布的一种,通常主要分析单位时间内随机事件的平均发生率,适合于描述单位时间内随机事件发生的次数[21,22]。城市出租车合乘发生率表示单位时间内载客出租车到达合乘点的次数。为此,将对城市出租车到达合乘点的发生率进行泊松分布验证,建立合乘概率模型。

4.2.1　城市出租车泊松分布分析

设城市道路中的合乘点位置为 i,合乘乘客到达合乘位置后开始计数经过的出租车数,城市出租车相对于合乘点位置 i 满足以下条件。

(1) $x(0)=0$。

(2) $x(t)$ 是独立平稳增量过程。

(3) $x(t)$ 满足式(4.1)和式(4.2):

$$F\{x(t+h)-x(t)=1\}=\lambda h+o(h) \tag{4.1}$$

$$F\{x(t+h)-x(t)\geqslant 2\}=o(h) \tag{4.2}$$

条件(1)表示经合乘点位置出租车数量是从 $t=0$ 开始的,即 $x(0)=0$。从 $t=0$ 时刻起,出租车经过合乘位置独立于先前已经过合乘点位置的出租车。

条件(2)表示对充分小的 h,在时间区间 $[t,t+h]$ 内有一辆出租车出现的概率与 t 无关,而与区间长度 h 成正比,即出租车的产生具有平稳性。

条件(3)表示在 h 内,经过合乘位置的出租车有且仅有一辆,不存在两辆出租车在某一时刻同时经过合乘点位置的现象。

对于合乘点位置 i,城市出租车服从泊松分布,车流随机到达,令

$$F_n(t)=F\{x(t)=n\}=F\{x(t)-x(0)=n\} \tag{4.3}$$

根据条件(2)和条件(3)可得

$$\begin{aligned}F_0(t+h)&=F\{x(t+h)=0\}=F\{x(t+h)-x(0)=0\}\\&=F\{x(t)-x(0)=0\}F\{x(t+h)-x(t)=0\}\\&=F_0(t)[1-\lambda h+o(h)]\end{aligned} \tag{4.4}$$

故

$$\frac{F_0(t+h)-F_0(t)}{h}=-\lambda F_0(t)+\frac{o(h)}{h} \tag{4.5}$$

令 $h\to 0$ 取极限得

$$F_0^{'}(t)=-\lambda F_0(t) \tag{4.6}$$

积分得

$$\ln F_0(t)=-\lambda t+B_C \tag{4.7}$$

式中，B_C 为常量。

由于 $F_0 = F\{(x(0)=0\}$，代入式(4.7)得

$$F_0(t) = e^{-\lambda t} \tag{4.8}$$

当 $n=1$ 时，$F_0(t)=e^{-\lambda t}$ 和 $F_1(0)=1$，得

$$F_1(t) = \lambda t e^{-\lambda t} \tag{4.9}$$

由数学归纳法可以得到[6]

$$F_k = \frac{(\lambda t)^k}{k!} e^{-\lambda t} \tag{4.10}$$

即证明出租车到达合乘点服从泊松分布。式中，F_k 表示在计数间隔 t 内到达 k 辆车的概率；λ 为单位时间平均到车率，辆/min；t 为每个计数间隔持续的时间，min。

4.2.2　城市出租车的合乘概率模型

选取特征路段 L，假设出租车运行的平均速度为 S_P，路段 L 上共分布 M_L 辆出租车，出租车的空载率为 O，设合乘乘客到达合乘点的位置等待合乘车辆的时间为 T，并作为计数间隔持续的时间，出租车的平均车头间距为 $\frac{L}{M_L}$，平均车头时距为 $\frac{L}{M_L S_P}$ [19]，则

$$\lambda = \frac{1}{\dfrac{L}{M_L S_P}} = \frac{M_L S_P}{L} \tag{4.11}$$

在计数间隔 T 内到达 k 辆车的概率为

$$F_k = \frac{\left(\dfrac{M_L S_P T}{L}\right)^k}{k!} e^{-\frac{M_L S_P T}{L}} \tag{4.12}$$

根据前面的模型假设，道路中的出租车以及出租车内的乘客都愿意合乘，且只要是载客的出租车都能满足合乘的需求，空载车则不能进行合乘。

合乘乘客到达合乘点所在位置后，所在同方向路段 L 距离上的出租车数量为 T_N，根据出租车 GPS 轨迹数据，统计载客的出租车数量 T_Z，计算空载率为

$$O = \frac{T_N - T_Z}{T_N} \tag{4.13}$$

出租车载客的人数和参与合乘的人数是合乘成功的关键。若有 1 名乘客合乘，则可以与载客人数为 1、2、3 的出租车合乘；若有 2 名乘客合乘，则可以和载客人数为 1、2 的出租车合乘；若有 3 名乘客合乘，则可以和载客人数为 1 的出租车合乘；若有 4 名及以上乘客，则不能进行合乘。

设出租车载客人数为 1、2、3、4 的比例为 p_1、p_2、p_3、p_4，合乘乘客可以与载客出租车合乘的概率为[23]

$$F_c = \sum_{j=1}^{4-c} p_j, \quad c = 1, 2, 3 \tag{4.14}$$

式中，F_c 表示有 c 名乘客合乘的概率。鉴于合乘乘客人数和出租车内的乘客人数的可得性，这里不考虑合乘的人数和出租车内的乘客数，并假定合乘乘客都可以进行合乘，且出租车都可以提供合乘服务，即 $F_c = 1$。

乘客到达合乘点后对经过的每一辆出租车都进行合乘与不合乘的判断，这种判断的成功与否取决于合乘的目的地与出租车行驶的目的地方向是否相近。建立乘客到达合乘点后，对路段距离 L 上的载客出租车行驶的目的进行聚类。设定城市各行政区的中心点位置 $n_1, n_2, \cdots, n_z$，对路段中经合乘点的载客出租车行驶目的地位置分别与各行政区的中心点位置进行距离计算，如

$$D(t_i, n_j), \quad i = 1, 2, \cdots, n, \quad j = 1, 2, \cdots, z \tag{4.15}$$

若满足

$$D(t_i, n_k) = \min\{D(t_i, n_j), i = 1, 2, \cdots, n, j = 1, 2, \cdots, z\} \tag{4.16}$$

统计经合乘点到达各行政区的出租车数 $m_1, m_2, \cdots, m_n$，计算出租车行驶目的地的分布率，为合乘乘客在合乘点前往各行政区的概率提供依据。城市出租车行驶目的地分布率如表 4.1 所示。

表 4.1　城市出租车行驶目的地分布率

分布率	聚类数据集			
	m_1	m_2	⋯	m_n
F_i	$\dfrac{m_1}{\sum\limits_{i=1}^{n} m_i}$	$\dfrac{m_2}{\sum\limits_{i=1}^{n} m_i}$	⋯	$\dfrac{m_n}{\sum\limits_{i=1}^{n} m_i}$

在计数间隔 T 内到达 n 辆车的概率 F_n 为

$$F_n = \frac{\left(\dfrac{M_L S_P T}{L}\right)^n}{n!} e^{-\frac{M_L S_P T}{L}} \tag{4.17}$$

对于合乘乘客，若到达的出租车处于空载状态，需要等待下一辆出租车，则合乘乘客在计数间隔 T 内等待 n 辆车的概率 F_{Tn} 为

$$F_{Tn} = F_n O^n = \frac{\left(\dfrac{M_L S_P T}{L}\right)^n}{n!} e^{-\frac{M_L S_P T}{L}} O^n \tag{4.18}$$

合乘乘客在间隔 T 内等不到合乘车辆的概率 F_T 为

$$F_T = \sum_{k=0}^{+\infty} F_{Tn} = \sum_{k=0}^{+\infty} \frac{\left(\dfrac{M_L S_P T}{L}\right)^n}{n!} \mathrm{e}^{\frac{M_L S_P T}{L}} O^n \tag{4.19}$$

因此,合乘乘客在合乘点位置计数间隔 T 内可以合乘的概率 F_y 为

$$F_y = \left[1 - \sum_{n=0}^{+\infty} \frac{\left(\dfrac{M_L S_P T}{L}\right)^n}{n!} \mathrm{e}^{\frac{M_L S_P T}{L}} O^n \right] (1-F_i)^{n-1} F_i$$

$$= \left[1 - \mathrm{e}^{\frac{M_L S_P T}{L}} \sum_{n=0}^{+\infty} \frac{\left(\dfrac{M_L S_P T O}{L}\right)^n}{n!} \right] (1-F_i)^{n-1} F_i \tag{4.20}$$

根据泰勒公式:

$$\mathrm{e}^x = 1 + x + \frac{x^2}{2!} + \frac{x^3}{3!} + \frac{x^4}{4!} + \cdots + \frac{x^k}{k!} + \cdots, \quad -\infty < x < +\infty \tag{4.21}$$

可得

$$F_y = \left(1 - \mathrm{e}^{-\frac{M_L S_P T}{L}} \mathrm{e}^{\frac{M_L S_P T O}{L}} \right) (1-F_i)^{n-1} F_i = \left[1 - \mathrm{e}^{-\frac{M_L S_P T(1-O)}{L}} \right] (1-F_i)^{n-1} F_i$$

$$\tag{4.22}$$

　　根据路段长度 L、出租车数量 M_L、出租车的平均行驶速度 S_P、乘客的等候时间 T、出租车的空载率 O,以及出租车行驶目的地分布率 F_i,可计算合乘乘客在合乘点的合乘概率。

4.2.3　城市出租车合乘等待时间

　　图 4.1 为合乘点等待出租车时间示意图。设合乘乘客到达合乘点后,第 1 辆出租车到达合乘点的时间间隔为 t_0,第 1 辆出租车至第 n 辆出租车到达合乘点的平均时间间隔为 t,则合乘乘客在第 n 辆车合乘成功的等待时间为

$$T_d = (n-1)t + t_0 \tag{4.23}$$

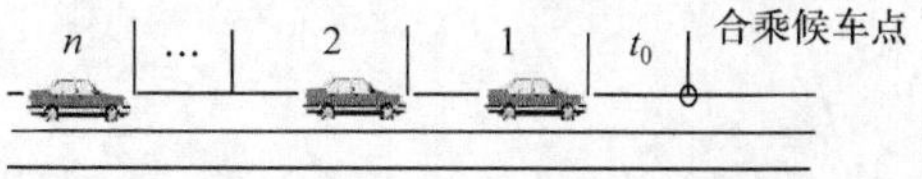

图 4.1　合乘点等待出租车时间示意图

　　合乘乘客在合乘点直到第 i 辆车才合乘成功的概率可用 N 重伯努利试验原理得到[18-20],表示为

$$\mathrm{PC}_i = (1-F_y)^{n-1} F_y \tag{4.24}$$

合乘平均等待时间为合乘等待时间的期望,表示为

$$\overline{T}_d = \sum_{n=1}^{\infty} \left[(n-1)t + t_0 \right] (1 - F_y)^{n-1} F_y = \left(\frac{1}{F_y} - 1 \right) t + t_0 \qquad (4.25)$$

式中，F_y表示合乘乘客在合乘点的合乘概率。

4.2.4　模型关系分析

出租车合乘概率是城市出租车合乘判断的关键依据，通过式(4.22)可知，出租车的空载率、出租车的平均行驶速度和等待时间间隔内出租车数量等因素直接影响了出租车的合乘概率。出租车的合乘概率与这些影响因素的关系如图 4.2所示。

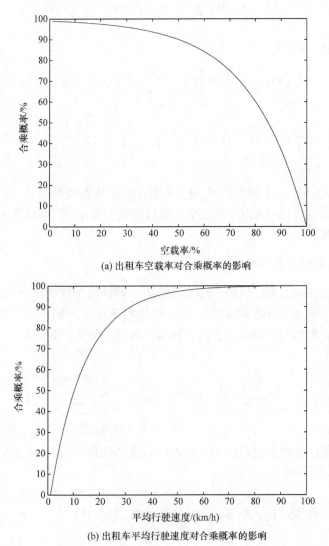

(a) 出租车空载率对合乘概率的影响

(b) 出租车平均行驶速度对合乘概率的影响

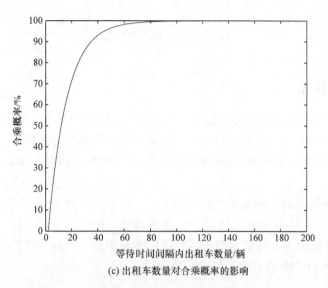

(c) 出租车数量对合乘概率的影响

图 4.2　出租车合乘的概率与影响因素的关系

从图 4.2 和式(4.22)可以看出,当出租车的空载率变大,即空载率 O 变大时,可提供合乘的出租车数量就会降低,合乘概率 F_y 就会降低。当出租车平均行驶速度和出租车间隔时间内数量增加,即 M_L 和 S_P 变大时,合乘概率 F_y 就会增大。根据式(4.25),当合乘概率 F_y 变小时,合乘乘客合乘等待时间就会加长。

出租车合乘等待时间是出租车能够合乘成功的评价指标之一,根据人们等候出租车所能容忍的最长时间可知,等待的时间越长,合乘的可能性就越小。图 4.3 为出租车合乘概率与等待时间的关系。从图中可以看出,合乘的概率越大,合乘的等待时间就越短;反之,合乘的概率越小,合乘的等待时间就越长。

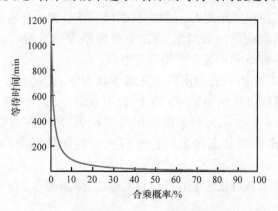

图 4.3　出租车合乘概率与等待时间的关系

4.3 实 验 分 析

4.3.1 实验数据

本节采用南京市出租车公司 2014 年 9 月 16 日的出租车 GPS 数据,共 7726 辆出租车和 1806873 条记录,经过出租车 GPS 轨迹数据的预处理和计算得到 6503 辆出租车的 453019 条记录,选取南京市雨花台区雨花南路为测试点,来验证本模型的正确性。

选取雨花南路的合乘地点坐标(东经 118.7671°,北纬 31.9958°),选取雨花南路段 L_1(具体坐标为东经 118.7659° 及北纬 31.9963°,东经 118.7681° 及北纬 31.9955°),验证数据为筛选后 2014 年 9 月 16 日南京市雨花台区雨花南路各时段整点后 20min 内 765 辆出租车的 765 条记录。

4.3.2 实验步骤

对原始数据记录进行分析,并根据上述模型建立的过程按照下述步骤进行计算。

(1) 从各时段整点开始,根据合乘点位置和时间间隔 20min,建立南京市雨花台区雨花南路出租车行驶数据集 TC1=$\{t_1, t_2, \cdots, t_n\}$,分别提取出租车标识、出租车平均行驶时刻、出租车经纬度坐标、出租车平均行驶速度和出租车载客状态,t_i = $\{ID, V_C, L_1, L_2, M_T, S, P_Z\}$,$i=1, 2, \cdots, n$,$t_i$ 表示第 i 组出租车信息集,ID 表示数据的序列号,V_C 表示车辆编号,L_1 表示经度,L_2 表示纬度,M_T 表示出租车数据采集时间,S 表示出租车移动速度,P_Z 表示载客状态。

(2) 计算测试路段的距离 L,计算测试路段初始位置与合乘点的距离 l。

(3) 计算各时段间隔内数据集 TC1 中各出租车的数据,如出租车平均数量 M_L、出租车移动速度 S 和出租车平均空载率 O。

(4) 根据 TC1 中的 t_i 查找出租车在载客状态下,经过合乘点后到达目的地的位置和时间,根据出租车参数 P_Z 由 1(表示载客)变为 0(表示空车),建立数据集 TC2=$\{m_1, m_2, \cdots, m_n\}$,分别提取出租车标识、出租车行驶时刻、出租车经纬度坐标和出租车载客状态作为出租车行驶目的地数据集,m_n=$(ID, V_C, L_1, L_2, M_T, S, P_Z)$。

(5) 设定南京市各行政区中心点位置坐标,具体如表 4.2 所示。

表 4.2　南京市各行政区中心点位置经纬度坐标

行政区名称	中心点坐标	
	经度/(°)	纬度/(°)
玄武	118.7978E	32.0486N
秦淮	118.7948E	32.0385N
鼓楼	118.7697E	32.0661N
建邺	118.7315E	32.0033N
雨花台	118.7789E	31.9922N
浦口	118.6279E	32.0595N
六合	118.6279E	32.3222N
栖霞	118.9081E	32.0920N
江宁	118.8401E	31.9561N
溧水	119.0277E	31.6520N
高淳	118.8928E	31.3312N

计算数据集 TC2 中出租车行驶目的地位置与行政区中心点位置的距离 $D(m_i, n_k)$，若 $D(m_j, n_j) = \min\{D(m_j, n_j), i = 1, 2, \cdots, j = 1, 2, \cdots, 11\}$，则 $m_i \in n_k$，统计 $n_k(k = 1, 2, \cdots, 11)$ 中的出租车数，计算分布率 F_{mi}。

（6）根据参数值和式（4.22）、式（4.25），计算在合乘点位置的出租车合乘概率和等待时间。

4.3.3　实验结果分析

为了分析各整点时刻后 20min 内南京市雨花台区雨花南路合乘点的合乘概率和等待时间，利用本章所建立的模型得到出租车数量、空载率、平均行驶速度分布图，如图 4.4 所示。

图 4.4 表明，在验证的间隔时间段内，出租车数量较少的时间段为 3:00～6:59，出租车数量最多的时间段为 8:00～11:59；从出租车的空载率可以看出，8:00～18:59 时段空载率较低，在 3:00～6:59 时段和 20:00～20:59 时段空载率较高。这说明验证的出租车 GPS 数据信息符合出租车日常出行规律，白天出租车运行多，凌晨和晚上出租车运行较少。从出租车的平均行驶速度看，出租车行驶速度相对比较稳定，整体变化不大。城市道路中的出租车由于道路通行量、拥堵等因素的影响，在城市中通过提高出租车的平均行驶速度来提升合乘概率的方式则较难实现。

对 0:00～23:00 各时段开始后 20min 内，根据每分钟计数间隔检测到达的出租车数，并对其进行频次分析。在通过显著水平为 0.05 的 K-S 检验后，检验结果 p 值为 0.3629，大于显著性水平 0.05，不能拒绝原假设。对载客出租车到达频次

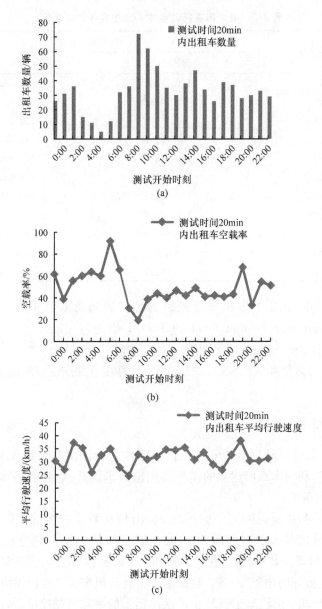

图 4.4　出租车数量、空载率、平均行驶速度分布图

进行泊松分布曲线拟合,具体如图 4.5 所示。

　　从图 4.5 可以看出,泊松分布对载客出租车到达频次分布拟合效果好,因此南京市雨花台区雨花南路载客出租车到达频次服从泊松分布。

　　图 4.6 显示了经合乘点出租车行驶目的地分布率。由图可知,经过合乘点载客的出租车行驶的目的地主要集中于雨花台区、秦淮区、鼓楼区、玄武区和江宁区等,

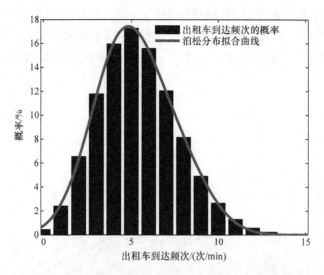

图 4.5　载客出租车到达频次泊松分布曲线拟合图

日常出行的目的地主要集中于雨花台区和秦淮区,说明出租车出行主要以中短途为主,合乘中应着重考虑中短程乘客。

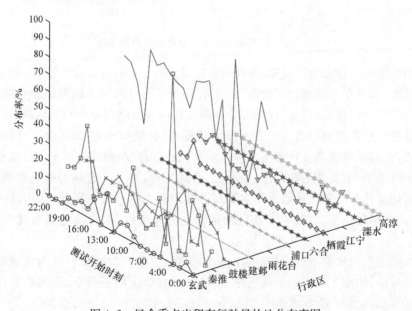

图 4.6　经合乘点出租车行驶目的地分布率图

图 4.7 显示了雨花南路合乘点的出租车合乘概率。可知,前往雨花台区的合乘概率要高于其他区域,其合乘概率高的时段主要集中于 9:00~10:00、17:00~19:00。从图 4.7 中可以看出,合乘概率大的区域主要集中于离合乘点路程较近的

行政区域,如雨花台区、秦淮区、鼓楼区和玄武区等,其他区域的合乘概率很低或不可能。其原因是出租车的出行主要以中短程为主,长距离出行较少[15],所以前往雨花台区或相邻区域的合乘者在合乘点进行合乘的概率明显高于其他不相邻的区域。

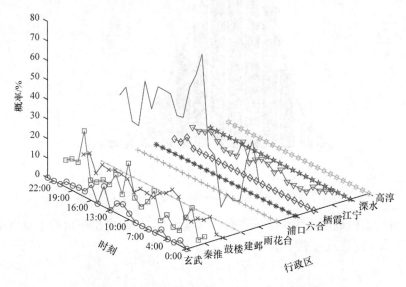

图 4.7　雨花南路合乘点出租车合乘概率图

　　结合图 4.6 和图 4.7 可知,雨花南路在 3:00~6:59 时段,经过的出租车数量相对较低,出租车空载率相对较高,前往南京市其他行政区出租车的分布率较低。从图 4.7 中可以看出,在这些时段,合乘乘客在雨花南路合乘点与其他载客出租车合乘前往南京市其他行政区的合乘概率较低,其合乘概率在 20% 以下;相对于其他时段,合乘概率较高。从图 4.6 可以看到,经过雨花南路的出租车的行驶目的地分布相对集中,主要在雨花台区、秦淮区、玄武区等;图 4.7 合乘的概率表明,合乘乘客前往这几个行政的概率相对要高于其他几个行政区。因此,在出行的高峰时段,出租车数量多、空载率低和行驶目的地分布集中,则合乘的概率就大,反之亦然。

　　为说明出租车合乘概率与等待时间的关系,提取前往雨花台区的合乘概率数据进行分析,如图 4.8 所示。从图中可以看出,在假定的条件下,合乘的等待时间在 20min 以内的时段主要集中于 1:00~1:59、9:00~15:59、18:00~18:59 和 21:00~21:59,说明合乘概率与合乘等待时间是正相关的,合乘等待时间少的时段主要集中于日常出行的高峰时段,其他时段则相对较小。

　　总之,从实验验证结果可以得到以下结论。

　　(1) 出租车的合乘概率主要与出租车的数量、空载率和行驶目的地分布率有

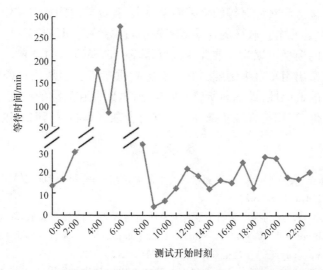

图 4.8　合乘乘客从合乘点前往雨花台区等待出租车时间图

关,通过改变三因素的数值可提高合乘概率。出租车的行驶速度相对稳定,通过提高行驶速度改善合乘概率的方式则难以实现。

（2）合乘概率高和合乘等待时间短的时段主要集中在日常出行的高峰时段,其他部分时段则不宜采用合乘方式。

（3）合乘比较适于中短程合乘,要进行长距离的合乘则可能性较低。在合乘中,应多考虑在满足出租车运载人员的条件下,实现载客出租车在合乘过程中的多次合乘,这样可有效提高合乘的效果。

4.4　本 章 小 结

本章基于泊松分布原理和 N 重伯努利试验原理建立了出租车合乘概率及等待时间模型,介绍了合乘概率的影响因素,如路段出租车的数量、空载率、平均行驶速度以及行驶的目的地分布率等。利用 K-S 检验原理,验证了雨花南路路段内的出租车在计数间隔内到达的数量服从泊松分布。通过对该路段内出租车数量、空载率和平均行驶速度的统计分析发现,在出行的高峰时段出租车数量多,空载率为 $10\%\sim30\%$;在出行的低峰时段,出租车数量相对较少,空载率为 $40\%\sim90\%$。出租车平均行驶速度在全天的出行时段变化相对不大,保持在 $25\sim40\mathrm{km/h}$。通过对雨花南路路段内经过或出发出租车行驶目的地的统计分析发现,在全天的出行时段中,出租车出行主要以中短程距离为主,出行目的地集中分布于雨花台区、秦淮区、鼓楼区和玄武区等,其他行政区域则相对较少。利用合乘概率和等待时间模型对上述实验统计数据进行计算得出,在出行的高峰时段,经合乘点前往雨花台区、秦淮区、鼓楼区和玄武区等的合乘概率较大,且等待时间相对较短;在出行的低峰时段,前往上述几个行政区的合乘概率较小,且等待时间较长。

　　本章提出的模型可以为合乘者在城市路段中选择适合的合乘地点提供依据,同时也可为城市出租车合乘制度的有效实施提供参考。但从假设条件可以看出,该模型有一定的偏向性,即偏向所属的假定条件,因此在后续的研究工作中将逐步减少限定的条件,采用接近现实条件的数据对合乘概率和等待时间进行估计。

<h1 style="text-align:center">参 考 文 献</h1>

[1] 袁长伟,米雪玉,吴群琪,等. 交通拥堵环境下的城市出租车候时费优化模型[J]. 交通运输工程学报,2014,14(2):75-81.

[2] Pravin V,韩慧敏. 加利福尼亚州车辆合乘系统运行效果[J]. 城市交通,2010,8(4):79-93.

[3] Neoh J G,Chipulu M,Marshall A. What encourages people to carpool? An evaluation of factors with meta-analysis[J]. Transportation,2015,42(5):1-25.

[4] 张少博,杨英俊,赵文义,等. 城市出租汽车特征价格定价模型[J]. 长安大学学报(自然科学版),2014,34(4):127-133.

[5] Bonarrigo S,Carchiolo V,Longheu A,et al. A carpooling open application with social oriented reward mechanism[C]. International Conference on Internet and Distributed Computing Systems,Calabria,2014.

[6] 肖强,何瑞春,俞建宁,等. 基于泊松分布的出租车合乘概率及等待时间建模[J]. 中国公路学报,2018,31(5):151-159.

[7] 唐炉亮,常晓猛,李清泉. 出租车经验知识建模与路径规划算法[J]. 测绘学报,2010,39(4):404-409.

[8] 胡继华,黄泽,邓俊,等. 融合出租车驾驶经验的层次路径规划方法[J]. 交通运输系统工程与信息,2013,13(1):185-192.

[9] Galland S,Knapen L,Auh Y,et al. Multi-agent simulation of individual mobility behavior in carpooling[J]. Transportation Research Part C:Emerging Technologies,2014,45(9):83-98.

[10] Abhishek V P. Dynamic carpooling using wireless ad-hoc network[J]. Journal of Engineering Research and Applications,2014,4(4):92-94.

[11] Jian M J,Huang S C. Services-oriented computing using the compact genetic algorithm for solving the carpool services problem[J]. IEEE Transactions on Intelligent Transportation Systems,2015,16(5):1-12.

[12] Shinde T,Thombre B,Teja S,et al. An effective approach for solving carpool service problems using genetic algorithm approach in cloud computing[J]. International Journal of Advance Research in Computer Science and Management Studies,2015,3(12):29-33.

[13] 张薇,何瑞春,肖强,等. 考虑乘客心理的出租车合乘决策方法研究[J]. 交通运输系统工程与信息,2015,15(2):17-23.

[14] 肖强,何瑞春,张薇,等. 基于模糊聚类和识别的出租车合乘算法研究[J]. 交通运输系统工程与信息,2014,14(5):119-125.

[15] 张瑾,何瑞春. 解决动态出租车"拼车"问题的模拟退火算法[J]. 兰州交通大学学报, 2008,27(3):85-88.

[16] 邵增珍,王洪国,刘弘,等. 车辆合乘匹配问题中服务需求分派算法研究[J]. 清华大学学报(自然科学版),2013,53(2):252-258,264.

[17] 程杰,唐智慧,刘杰,等. 基于遗传算法的动态出租车合乘模型研究[J]. 武汉理工大学学报(交通科学与工程版),2013,37(1):187-191.

[18] 王诏远,李天瑞,程尧,等. 基于经验分布的打车概率和等待时间预测[J]. 计算机工程与应用,2015,51(24):254-259.

[19] 杨东授,段征宇. 大数据环境下城市交通分析技术[M]. 上海:同济大学出版社,2015.

[20] 俞春辉,杨晓光,马万经. 考虑随机需求的出租车上客区泊位设置模式和规模优化方法[J]. 中国公路学报,2015,28(3):102-109.

[21] 盛骤. 概率论与数理统计[M]. 北京:高等教育出版社,2008.

[22] 刘瑞元,张智霞. 二项分布与泊松分布判别的假设检验[J]. 青海大学学报(自然科学版), 2008,26(1):44-47.

[23] 左忠义,刘津,汪磊. 基于几何概型的出租车合乘候车时间分析[J]. 大连交通大学学报, 2015,36(6):1-5.

第 5 章　城市出租车合乘车辆聚类模型及算法

出租车合乘作为缓解打车难、交通拥堵的一种方式,在部分大中城市得到应用。对于出租车合乘实施的研究,主要集中在合乘乘客与载客出租车之间的匹配,而匹配的关键是对载客出租车的聚类,主要利用聚类、匹配度和多目标规划算法[1-5],并结合各种智能算法实现合乘方案的确定。但从实际应用中发现,出租车合乘实现的关键是对具有相同或相近出行目的地出租车的聚类,再通过匹配算法或多目标规划实现乘客和出租车的匹配。

在目前的聚类算法应用中,确定聚类中心和聚类范围是保证聚类算法能够准确应用的关键,但由于城市道路网分布不规律的特点,现有的聚类算法对于出租车轨迹进行合乘车辆聚类的效果不佳[6-9]。为改进现有聚类算法在出租车聚类应用中的不足,更好地反映城市道路中出租车聚类的效果,本章利用数据场理论计算出租车各数据点的场能,并根据场能的计算结果,确定各数据点的点间距;通过对数据点场能和点间距乘积阈值的分析,判别数据集中的聚类中心、离群点以及各数据点所属的聚类子集,从而实现合乘出租车的聚类。

5.1　出租车合乘车辆聚类问题数学模型的构建

5.1.1　出租车合乘车辆聚类问题描述

1. 问题的描述

城市出租车合乘问题主要是合乘乘客和载客出租车之间的匹配,第一步要确定在合乘点周边有多少可以合乘的出租车,而这些出租车的查找将为后续乘客出租车匹配和合乘路径优化奠定基础。实现对可合乘出租车的查找,需满足搜索范围小、查找速度快和查询准确率高等条件。对可合乘出租车进行聚类是满足上述查找需求的一种途径。

根据聚类的特点和出租车合乘的要求,在本书中对城市可合乘出租车聚类进行如下假设。

(1) 载客出租车都愿意参与合乘,且车内剩余的座位数满足合乘人员的需求。

(2) 聚类中出租车点与合乘点的位置用两点间的直线距离表示,不考虑道路及其他因素的影响。

（3）聚类后相关车辆的行驶时间计算,不考虑其他影响因素,时间用行驶距离除以出租车在该时段内道路中的平均速度取得。

（4）忽略乘客上下车的时间。

（5）车辆无故障行驶。

（6）对于车辆聚类过程的 GPS 异常点不予考虑。

（7）在出租车的聚类过程中,假设出租车完成一次合乘后再进行下一次合乘,不考虑在一次合乘中有多位乘客多次合乘的情况。

（8）忽略车内乘客对合乘对象或者合乘者对车内乘客的选择要求。

2. 相关变量定义

为了便于对相关变量的使用,定义如下。

$P_i(x_i, y_i)$ 表示第 i 名合乘乘客的出行点 GPS 坐标,x_i 表示经度,y_i 表示纬度。

P_t 表示合乘乘客到达出行点的时间。

$Q = \{t_1, t_2, \cdots, t_n\}$,表示出租车数据集。

$t_i = (\mathrm{ID}, V_C, L_1, L_2, M_T, S, P_Z)$,$i = 1, 2, \cdots, n$,表示出租车数据集中的出租车 GPS 信息,包括出租车的编号、经度、纬度、当前位置时间、移动速度和载客状态。

$\mathrm{TC} = \{\mathrm{tc}_1, \mathrm{tc}_2, \cdots, \mathrm{tc}_n\}$ 表示出租车的聚类数据集。tc_i 表示不同的出租车聚类数据集。

$\mathrm{tc}_i = \{t_1, t_2, \cdots, t_n\}$ 表示出租车聚类集所包括的出租车数据。

Δd 表示出租车聚类中心到合乘出行点的距离阈值。

5.1.2　出租车合乘车辆聚类问题建模

在目前的聚类算法中,K 均值聚类(K means clustering,K-means)算法通过随机选取 k 个对象作为初始聚类中心,并根据各个中心簇的中心距离,将每个对象划入相应的数据集中;模糊 C 均值聚类(fuzzy C-means clustering,FCM)算法利用同簇之间的相似隶属原理,根据相似度值的大小,将对象划入不同的数据集中。但 K-means 算法和 FCM 算法无法对边缘点进行处理,只是把边缘点归入相近的聚类集中,这就造成了聚类的不准确。层次聚类由不同层次的分割聚类组成,层次之间的分割具有嵌套的关系。它不需要输入参数,这是优于 K-means 和 FCM 聚类算法的一个明显的优点,其缺点是终止条件必须具体指定。基于密度的聚类(density-based spatial clustering of application with noise,DBSCAN)算法是利用密度半径的设定确定各聚类集中的数据,但会把离群点或孤立点当成噪声处理,影响了聚类的效果。这些智能算法虽然在性能上优于传统聚类算法,但对于大数据计算其复杂程度和时间较长,不适合合乘的实际应用。本章提出了一种基于数据场能和点间距的聚类算法(本书简称为数据场能聚类算法)来实现可合乘出租车的聚类,从一定程度上既避免了传统算法的不准确性,又避免了智能算法的复杂性,其具体实现过程如下。

1. 数据场能建模

由场论知识可知,物质间的相互作用力一般都用场来描述,如引力场、电场和磁场等。每一种已知的场,随距离的远近,其场能会相应地发生衰减或增强,且场能的分布都可以采用一种标量或矢量函数进行描述[10]。根据此原理,将数据集中的数据点认为是空间中的一种数据粒子,且数据粒子周围存在虚拟场的影响,位于场内的数据粒子都将受到场的作用力,因此数据集中的数据点相互作用形成数据场。在数据场中数据粒子相互距离近,其相互作用强,数据场能大;相互距离远,则数据场能小。

设数据集 $D=\{x_1, x_2, \cdots, x_n\}$, $I_s=\{1, 2, \cdots, n\}$, x_i 表示数据集 D 中任意一点,其数据场中数据点的势能值可借鉴场论知识定义为[7,8]

$$E(x_i) = M \cdot \sum_{j \in I_s} \mathrm{e}^{\left(-\frac{\|x_j - x_i\|}{d_c}\right)^R} \tag{5.1}$$

式中,$\|x_j - x_i\|$ 表示数据点 x_j 和 x_i 之间的距离;d_c 表示数据点的相互影响因子;M 表示数据对象的质量,在此将其取值为 1;R 表示距离指数,因为数据场的空间分布主要取决于对象间的相互作用历程或者影响半径,而与势函数的具体形态或者距离指数的选取关系不大,所以距离指数对结构特征的描述影响不大,取 $R=2$ 表示对应的核力场为高斯核场[10,11]。

数据场势函数表达式为

$$E(x_i) = \sum_{j \in I_s} \mathrm{e}^{\left(-\frac{\|x_j - x_i\|}{d_c}\right)^2} \tag{5.2}$$

高斯场势函数的性质如图 5.1 所示。

从图 5.1 中可以看出,当 $\|x_j - x_i\|$ 逐渐变大,即数据点 x_i 和 x_j 之间的距离越来越大时,$E(x_i)$ 越来越小,说明数据点 x_i 受数据点 x_j 数据场能的影响越来越小;反之,当 $\|x_j - x_i\|$ 逐渐变小,即数据点 x_i 和 x_j 之间的距离越来越近时,$E(x_i)$ 越来越大,说明数据点 x_i 受数据点 x_j 数据场能的影响越来越大。同时从数据相互影响因子 d_c 的变化 $\left(d_c = \frac{1}{2}, 1, 2\right)$ 可以看出,若 d_c 越小,数据点 x_i 和 x_j 相互影响的距离就越小;反之,数据点 x_i 和 x_j 相互影响的距离就越大。可见,参数 d_c 可以控制数据聚类范围的大小。因此,可以通过高斯场势函数确定各局部数据区域中的最大数据点场能,即确定各局部数据集中的聚类中心点。

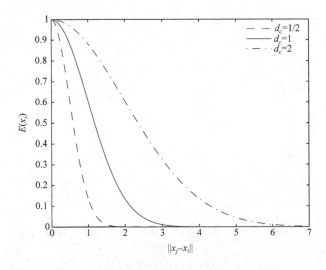

图 5.1　高斯场势函数图

2. 点间距建模

点间距反映了数据点之间的疏密程度，以及数据点之间的数据场能的大小。点间距越小，说明数据点集的密度越高；反之，点间距越大，说明数据点集的密度越低。通过各数据点的点间距大小可以判定数据点与最近点的距离，从而确定该数据点是离群点、边缘点或者局部数据子集中的数据点。

定义数据集 D 中的数据点 x_i 和 x_j 的点间距为 d_{ij}，其表达式为

$$d_{ij} = \| x_j - x_i \| = \sqrt{(x_j - x_i)^2} \tag{5.3}$$

建立点间距矩阵 d_{ij}：

$$d_{ij} = \begin{bmatrix} d_{11} & d_{12} & d_{13} & \cdots & d_{1n} \\ d_{21} & d_{22} & d_{23} & \cdots & d_{2n} \\ \vdots & \vdots & \vdots & & \vdots \\ d_{m1} & d_{m2} & d_{m3} & \cdots & d_{mn} \end{bmatrix} \tag{5.4}$$

式中，$d_{ij} = d_{ji}$，$j \neq i$。

3. 基于数据场能和点间距的建模

定义出租车的位置标记为 $t_i(V_{lngi}, V_{lati})$，可得到如图 5.2 所示的出租车位置分布图。从图中可以看出 12 辆出租车的分布情况，发现 1～5、8～11 号出租车相对较为集中，而 6、7、12 号出租车相对较为分散。为实现出租车的聚类，由数据场能和点间距原理构建每辆出租车的数据场能及点间距数据对，记为 $(E(t_i), U(t_i))$。

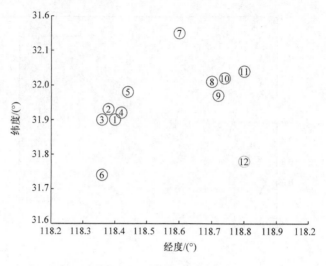

图 5.2　出租车位置分布图

定义出租车聚类点 $W_i = E(t_i)U(t_i)$，值越大表示越有可能成为聚类中心点，值越小表示越有可能成为聚类子集中的点，如图 5.3 所示。若成为聚类中心，则该点的 $E(t_i)$ 值在聚类数据集中最大；若不是聚类中心，则该点的 $E(t_i)$ 值一定小于聚类中心点的值。

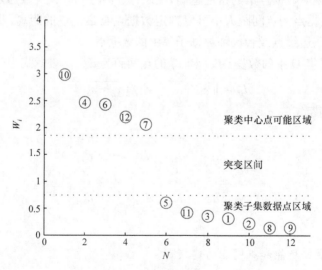

图 5.3　出租车聚类值 W_i 分布图

为了能将聚类中心区别于其他点，将 $U(t_i)$ 定义为

$$U(t_i)=\begin{cases}\min\limits_{k\in I_p}\{d_{ik}\}\\[2mm]\max\limits_{j\in I_p}\{d_{ij}\}\end{cases} \tag{5.5}$$

式(5.5)表示在各聚类数据集中,若点为最大点,就取各聚类中心距离的最大值为 $U(t_i)$;若点不是最大点,则取与该点最近的点的距离为 $U(t_i)$。从图 5.3 中可以看出,在 12 个点中,10、4、6、12、7 号的 W_i 值相对较大,有可能成为各数据集中聚类的中心;5、11、3、1、2、8、9 号的 W_i 值较小,为各数据集中的包含点。另外,W_i 值的分布中有一个突变区间,在突变区间以上 W_i 较大,在突变区间以下 W_i 较小,可将突变区间的 ΔW 值作为各聚类中心点划分的阈值。

图 5.4 为出租车点间距和数据场能的分布图。从图中可以看出,1~12 号出租车点分布数据可以分为两个数据集,10 号和 4 号两点在图的上部,说明这两点的 $E(t_i)$ 值和 $U(t_i)$ 值都很大,为两个聚类数据集的聚类中心;6、12、7 号出租车也在图的上部,但其 $U(t_i)$ 值很大,$E(t_i)$ 值很小,说明这三个点位于各数据集的边缘,不属于任何数据集,因此为离群点;5、11、3、1、2、8、9 号出租车的 $U(t_i)$ 值和 $E(t_i)$ 值都很小,在图 5.4 的下部,将这些点与 10 号和 4 号出租车的位置分别进行距离计算,确定每辆出租车分属于以 10 号或 4 号出租车为聚类中心的数据集。

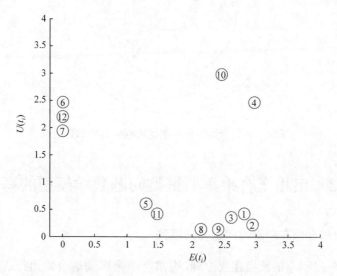

图 5.4　出租车点间距和数据场能分布图

4. 聚类中心点距离约束建模

通过对出租车的聚类获得聚类数据集 TC,将各聚类 tc_i 中的 tcz_i 与合乘乘客的出行点位置进行距离阈值判定,具体如图 5.5 所示。

图 5.5 中 P_i 为合乘乘客的出行点位置，$tcz_1 \sim tcz_8$ 为由点间距和数据场能所确定的聚类中心，设定合乘乘客到出行点的距离阈值为 Δd_i，聚类中心与合乘乘客的出行点位置满足

$$L = \sqrt{(x_i - V_{\text{lng}i})^2 + (y_i - V_{\text{lat}i})^2}, \quad L < \Delta d_i \tag{5.6}$$

确定与合乘乘客相近的聚类中心点，由聚类中心点确定所相对应的数据集，将其作为合乘乘客在出行点可合乘出租车数据集。从图 5.5 中可以看出，对于 P_i 而言，若 $L < \Delta d_1$，则可合乘的出租车数据集为 $\{tc_i\}$，$i = 1, 2$；若 $L < \Delta d_1 + \Delta d_2$，则可合乘的出租车数据集为 $\{tc_i\}$，$i = 1 \sim 5$；若 $L < \Delta d_1 + \Delta d_2 + \Delta d_3$，则可合乘的出租车数据集为 $\{tc_i\}$，$i = 1 \sim 8$。

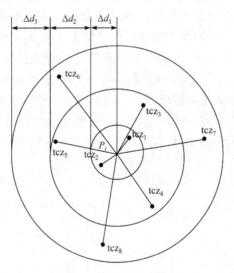

图 5.5　可合乘出租车聚类数据集查找示意图

5.2　出租车合乘车辆聚类问题数学模型的算法

5.2.1　出租车合乘车辆聚类问题算法思路

根据合乘出租车的聚类建模原理，构建合乘乘客到达合乘出行点时刻的出租车位置 GPS 数据信息，根据数据场能和点间距原理计算出租车的各聚类数据集，将各聚类数据集中的中心点分别与合乘点的位置进行计算，并根据距离阈值 Δd_i 确定合乘乘客出行点附近的聚类数据集，具体过程如图 5.6 所示。

5.2.2　基于数据场和点间距的出租车合乘车辆聚类算法

为实现出租车合乘中合乘乘客出行点附近出租车与合乘乘客的匹配，这里利

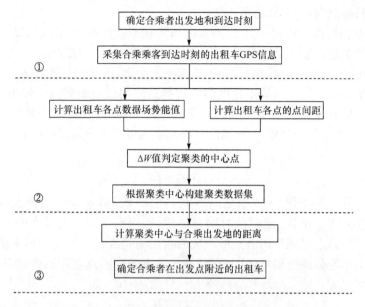

图 5.6　载客可合乘出租车聚类算法求解框图

用数据场能和点间距的原理,针对 GPS 轨迹数据(主要包括出租车 ID、移动目标采集时间、空间位置、移动速度、移动方向和载客状态等信息)进行出租车数据的聚类计算。

　　根据数据场能和点间距原理对出租车行驶点数据集进行聚类,确定数据集中的聚类中心,并区分数据集中的各点分属哪个聚类中心所确定的数据子集。建立 T_i 时刻载客出租车的行驶 GPS 数据集 $Q_1 = \{t_1, t_2, \cdots, t_n\}$,$I_t = \{1, 2, \cdots, N\}$,其中 $t_i = \{\lng_{t_i}, \lat_{t_i}, \text{time}_{t_i}\}$ 表示第 i 辆可以提供合乘的载客出租车,且当前的经纬度位置为 $(\lng_{t_i}, \lat_{t_i})$,时间为 time_{t_i}。设数据集 Q_1 中各数据点的数据势能为 $E = \{E(t_1), E(t_2), \cdots, E(t_n)\}$,根据数据点势能场的大小进行排序[12-14],定义 $I_p = \{I_{p1}, I_{p2}, \cdots, I_{pn}\}$ 为数据集 Q_1 按势能大小排序的下标,则有 $E_p = \{E_{I_{p1}}, E_{I_{p2}}, \cdots, E_{I_{pn}}\}$。定义不同数据点的点间距离为

$$u_i = \begin{cases} \min_{k \in I_p}\{d_{ik}\}, & E_{I_{pi}} < \underset{I_{pk} \in I_p}{E_{I_{pk}}} \\ \max_{j \in I_p}\{d_{ik}\}, & E_{I_{pi}} = \max_{I_{pk} \in I_p}\{E_{I_{pk}}\} \end{cases} \tag{5.7}$$

若 $E_{I_{pi}} = \max\limits_{I_{pk} \in I_p}\{E_{I_{pk}}\}$ 表示出租车点 $t_{I_{pi}}$ 在局部数据场中的势能达到最大值,则 u_i 为数据集 Q_1 中各局部数据场中的聚类中心点与 $t_{I_{pi}}$ 距离的最大值;若 $E_{I_{pi}} < \underset{I_{pk} \in I_p}{E_{I_{pk}}}$ 表示 $t_{I_{pi}}$ 在局部数据场中的势能小于局部数据场能的最大值,则 u_i 为局部数

据集中各数据点与 $t_{I_{pi}}$ 距离的最小值。

由此得到数据集中每一点 t_i 的数据场能和距离数据对 $(E(t_i),U_i),i\in I_t$,定义数据集聚类数判别值 $W_i=E(t_i)U_i,i\in I_t$。由式(5.4)和式(5.5)可知,若 $E(t_i)$ 为局部数据场中的中心点,则 U_i 为中心点间的距离,W_i 较大;若 $E(t_i)$ 为局部数据场中的非中心点,则 U_i 为局部数据集中数据点间的最小距离,W_i 较小。根据 W_i 值的变化可以确定聚类的中心数。定义 $\{q_i\}_{i=1}^N$ 为 $\{W_i\}_{i=1}^N$ 的一个降序排序下标,即满足 $W_{q_1}\geqslant W_{q_2}\geqslant\cdots\geqslant W_{q_N}$,若满足式(5.8),则可以确定聚类的中心数:

$$g=\begin{cases}g+1, & W_{q_i}>W_{q_j},q_j<q_i \\ 0, & W_{q_i}\approx W_{q_j},q_j<q_i\end{cases} \tag{5.8}$$

式中,$W_{q_i}>W_{q_j}$ 表示 W_{q_i} 和 W_{q_j} 之间有明显的跳跃,则 q_i 为一个数据聚类中心;$W_{q_i}\approx W_{q_j}$ 表示 W_{q_i} 和 W_{q_j} 之间没有明显的跳跃,则不产生新的聚类中心。可确定跳跃点和非跳跃点之间的阈值点所对应的数据场能值 $E(t_g)$,并确定距离 u_g。

由聚类中心数确定聚类的中心,并根据各点到中心点的距离确定各点所归属的子集。定义 $C=\{t_{c_1},t_{c_2},\cdots,t_{c_k}\}$,令 $I_k=\{1,2,\cdots,k\}$,如

$$C=\begin{cases}t_{c_k}, & U_i\leqslant u_g,i\in I_t \\ t_{d_i}, & U_i>u_g,i\in I_t\end{cases} \tag{5.9}$$

式中,t_{c_k} 表示数据点到所在区域数据场能最大点的距离小于等于阈值 u_g,归为数据子集中的数据;t_{d_i} 表示数据点到所在区域数据场能最大点的距离大于阈值 u_g,归为离群点。

5.3　实验分析

5.3.1　实验数据

本节采用南京市区出租车公司 2014 年 9 月 16 日的出租车历史 GPS 数据,并截取 9:00 时刻载客出租车的 3391 个行驶点数据作为实验数据,经过出租车 GPS 轨迹数据的预处理得到出租车分布热力图和散点分布图,具体如图 5.7 和图 5.8 所示。

从图 5.7 和图 5.8 可以看出,在 9:00 时刻南京市载客出租车的行驶点主要集中于城市的中心区域,越向城区,载客出租车点数量越少,其聚集度越低。同时,载客出租车的行驶点分布虽然杂乱无章,但都在城市道路网中,因此由出租车构成的行驶点数据集在空间分布上存在一定规律,但在时间分布上又是无序的。

5.3.2　阈值参数确定

图 5.9 为南京市载客出租车在 9:00 时刻行驶点的数据场能及点间距分布图,

图 5.7　南京市载客出租车行驶点分布热力图

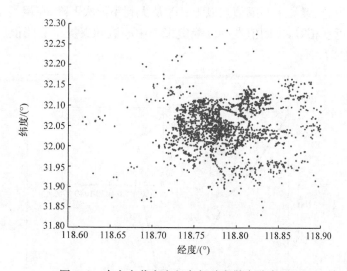

图 5.8　南京市载客出租车行驶点散点分布图

其横轴为数据场能,纵轴为点间距。从图 5.9 中可以看出图的上半部分,即纵轴右侧数据点的数据场能 $E(t_i)$ 和点间距 $U(t_i)$ 较大的点,为数据集中各局部数据子集中的聚类中心;而靠近纵轴数据点的数据场能 $E(t_i)$ 较小,但点间距 $U(t_i)$ 较大,则说明该点为数据中的离群点。图 5.9 中的下半部分,即靠近横轴数据点的数据场能 $E(t_i)$ 和点间距 $U(t_i)$ 都较小的点,为各局部聚类中心点所包含的数据点子集。

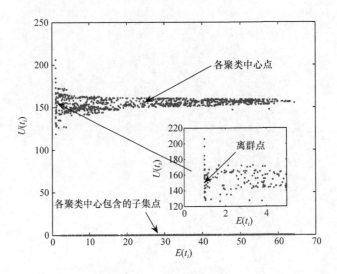

图 5.9　载客出租车下车点数据场能及点间距分布图

图 5.10 为南京市载客出租车在 9:00 时刻的行驶点 W_i 值的降序排列图。从图中可以看出,在聚类中心阈值点以上,W_i 从大到小依次下降;在聚类中心阈值点以下,W_i 值近乎相等,由阈值点可以确定聚类中心数和聚类中心阈值所对应的距离 $u_g = 1.116272$。

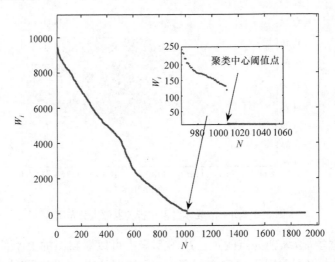

图 5.10　降序排列的 W_i 示意图

5.3.3　实验结果分析

为了更好地验证数据场能聚类算法在出租车轨迹聚类中的聚类效果,本节对南京市载客出租车在 9:00 时刻下车点的数据,分别采用经典聚类算法中的划分聚类算法(K-means)、基于模糊 C 均值的聚类算法(FCM)、层次聚类算法、基于密度的聚类算法(DBSCAN)和本书提出的数据场能聚类算法,利用聚类效果评价指标进行比较和分析[15-19],具体评价指标如下。

(1) 类内紧密度(compactness,CP):指各聚类中数据点到聚类中心的平均距离。CP 越小表示聚类集中的各数据点间越紧密,则

$$\overline{CP_i} = \sum_{x_i \in \Omega_K} \| x_i - w_i \| \tag{5.10}$$

$$CP = \frac{1}{K} \sum_{k=1}^{K} \overline{CP_k} \tag{5.11}$$

式中,K 表示聚类数;x_i 表示各聚类集中的数据;w_i 表示各聚类集中的聚类中心。

(2) 类间分离度(separation,SP):指各聚类中心两两之间的平均距离。SP 越大表示各聚类中心的间距越大,则

$$SP = \frac{2}{K^2 - K} \sum_{i=1}^{K} \sum_{j=1}^{K} \| w_i - w_j \|^2 \tag{5.12}$$

(3) 邓恩指数(Dun Validity index,DIV):指任意两个聚类簇中聚类中心间的最短距离和任意聚类簇中各数据间的最大距离之比。DIV 越大表示类间的距离越大,同时类内距离越小,则

$$DIV = \frac{\min\limits_{0<m\neq n<K} \left\{ \min\limits_{\substack{\forall x_i \in \Omega_m \\ \forall x_j \in \Omega_n}} \{ \| x_i - x_j \| \} \right\}}{\max\limits_{0<m\leq K} \max\limits_{\forall x_i, x_j \in \Omega} \{ \| x_i - x_j \| \}} \tag{5.13}$$

经计算得出各聚类算法的聚类效果评价指标,具体如表 5.1 所示。

表 5.1　各聚类算法聚类效果评价指标对比表

聚类数/个	算法	类内紧密度 (CP)	类间分离度 (SP)	邓恩指数 (DVI)
25	K-means	0.0392	0.3644	2.543×10^{-4}
	FCM	0.0201	0.1233	1.001×10^{-4}
	层次聚类	0.0123	0.6069	2.717×10^{-4}
	数据场能聚类	0.0088	0.6666	1.320×10^{-2}
249	K-means	0.0047	0.1414	7.008×10^{-5}
	FCM	0.0050	0.0597	2.749×10^{-5}
	层次聚类	0.0042	0.1810	2.724×10^{-5}
	数据场能聚类	0.0016	0.2319	5.152×10^{-4}

续表

聚类数/个	算法	类内紧密度 (CP)	类间分离度 (SP)	邓恩指数 (DVI)
409	K-means	0.0034	0.1213	3.845×10^{-5}
	FCM	0.0033	0.0558	2.041×10^{-5}
	层次聚类	0.0028	0.1398	2.174×10^{-5}
	数据场能聚类	0.0013	0.1847	3.846×10^{-4}
599	K-means	0.0021	0.1190	3.607×10^{-5}
	FCM	0.0023	0.0569	2.312×10^{-5}
	层次聚类	0.0019	0.1242	1.086×10^{-5}
	数据场能聚类	0.0010	0.1685	1.823×10^{-4}

从表 5.1 中可以看出,9:00 时刻南京市 3391 辆出租车数据在不同的聚类数下的聚类效果指标。从 CP 来看,K-means 算法、FCM 算法、层次聚类算法和数据场能聚类算法随聚类数的增大,CP 指标都在降低,但本章所用算法的 CP 指标在各聚类数中都小于其他聚类算法,说明该算法的类内紧密度好于其他聚类算法。从 SP 和 DIV 来看,随着聚类数的增大,这两个指标都在减小,说明随着聚类数的增加,类间距在逐渐减小,但本章所用算法的类间距在各种不同聚类数下都大于其他算法,说明该聚类算法可以更好地识别各聚类中心。从 DIV 来看,本章所提聚类算法的聚类效果要好于其他聚类算法。

为了直观地说明本章所提算法的优越性,下面利用各聚类算法评价指标进行对比,具体如图 5.11 所示。

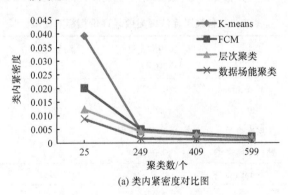

(a) 类内紧密度对比图

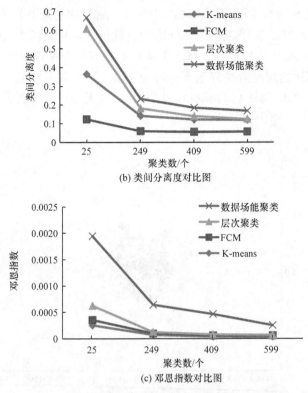

(b) 类间分离度对比图

(c) 邓恩指数对比图

图 5.11　聚类效果评价指标各聚类算法对比图

从图 5.11 可以看出,本章所提算法的评价效果要好于其他各类算法。对于 K-means 算法,它需要指明聚类的中心点,而中心点位置的准确性决定了聚类的效果,因此 K-means 算法的随机性强,聚类效果好坏并不确定。FCM 算法需要指定聚类数,但不需要确定聚类中心的位置,它由聚类过程中的相似隶属度确定,而隶属度的值决定了聚类的效果。层次聚类算法不需要指定聚类数,它通过数据点间的距离确定聚类个数,因此点间距的合理设置决定了聚类的效果。数据场能聚类算法不需要设定聚类数,而是利用数据场能和点间距乘积中的跳跃点作为阈值,判定数据集中的聚类个数,避免了人为因素对聚类效果的影响。

DBSCAN 算法聚类过程与前面所提到的三种经典算法有所不同,在聚类的过程中会产生噪声点(丢失点)且影响聚类的效果,具体如图 5.12 所示。

从图 5.12 中可以看出,在 DBSCAN 算法中,MinPTS(最小包含点数)和 EPS(给定对象半径)指标决定了算法的聚类效果,同时,随着聚类数的增多,算法中的噪声点(如图中"+")将逐渐增多,这影响了对数据的聚类划分,使得聚类效果不佳,不适合进行高维大数据聚类。

图 5.13 给出了 K-means 算法、FCM 算法、层次聚类算法和 DBSCAN 算法的聚

类结果。通过比较分析发现,图 5.13(a) 中 K-means 算法的聚类数受限于初始中心点的个数,对于形状复杂的类簇,把部分边缘点就近划入聚类簇中,从图 5.13(a)的局部放大图中可以看出 K-means 算法无法对边缘点进行准确聚类划分。图 5.13 (b)中,FCM 算法的聚类效果好于 K-means 算法,但受限于初始中心的个数以及孤立点的影响,FCM 算法与 K-means 算法相似,也无法对边缘点进行准确的聚类划分。

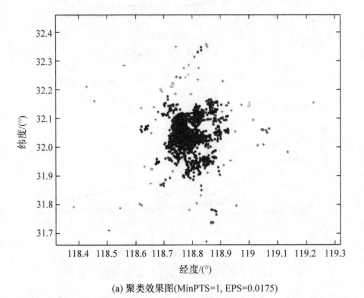

(a) 聚类效果图(MinPTS=1, EPS=0.0175)

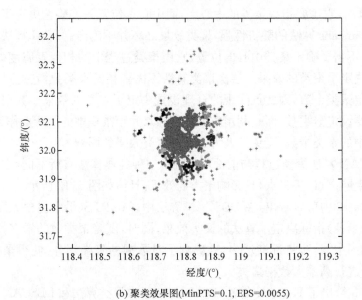

(b) 聚类效果图(MinPTS=0.1, EPS=0.0055)

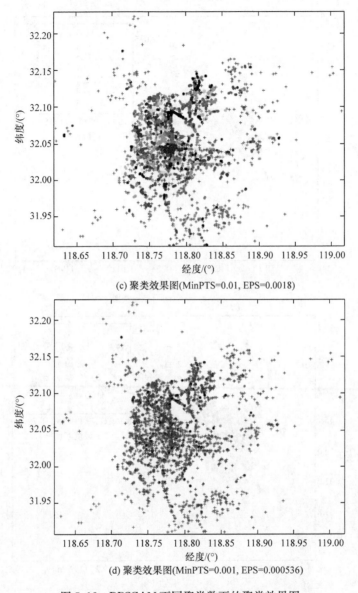

(c) 聚类效果图(MinPTS=0.01, EPS=0.0018)

(d) 聚类效果图(MinPTS=0.001, EPS=0.000536)

图 5.12　DBSCAN 不同聚类数下的聚类效果图

图 5.13(c)显示,层次聚类算法的聚类效果虽然好于 FCM 算法和 K-means 算法,但结合城市道路形状,由于受聚类终止条件的限制,无法沿城市道路的分布对出租车进行聚类。图 5.13(d)显示,DBSCAN 算法的聚类效果好于 FCM 算法和 K-means 算法,但该算法把离群点或孤立点当成噪声点处理,从图 5.13(d)中的局部放大图可以看到"＋"的点都被认为是噪声点,没有对其进行聚类划分。

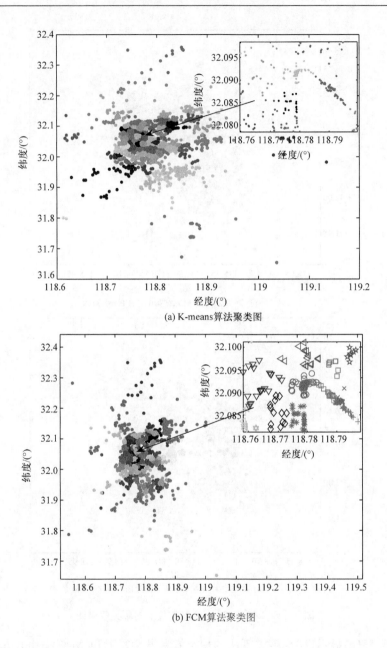

(a) K-means算法聚类图

(b) FCM算法聚类图

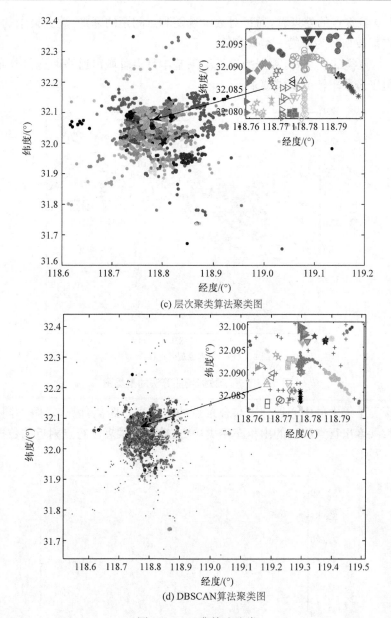

(c) 层次聚类算法聚类图

(d) DBSCAN算法聚类图

图 5.13　经典算法聚类

　　基于数据场能算法的聚类图如图 5.14 所示,可见本章提出的数据场能聚类算法要好于前三种算法,主要表现在以下几个方面。

　　(1) 从算法的有效性看,数据场能聚类算法能够很好地识别聚类中心,并确定聚类数目,发现任意聚类形状的类,且不需要凭经验设定聚类中心的参数,能够较好地应用于轨迹数据聚类。

（2）从特殊点的处理看,通过对数据场能和点间距的判别,数据集中的边缘点或离群点都被划分为新的一类聚类簇。

（3）从聚类的效果看,数据的聚类结果基本是沿着城市道路网进行分布,满足城市出租车合乘车辆的聚类要求。

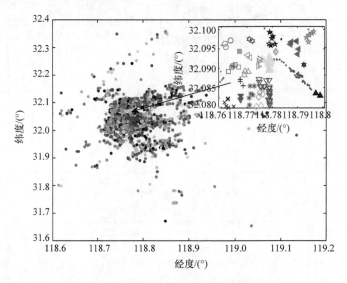

图 5.14　基于数据场能算法的聚类图

将聚类结果中的中心点分别与合乘点的位置进行距离计算,求解不同距离阈值下合乘乘客出行点附近的出租车聚类中心,确定合乘者出行点附近的数据集,如图 5.15 所示。

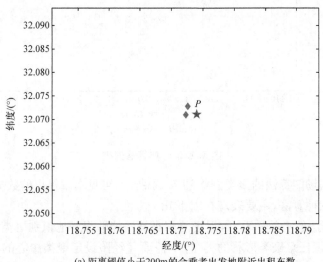

(a) 距离阈值小于200m的合乘者出发地附近出租车数

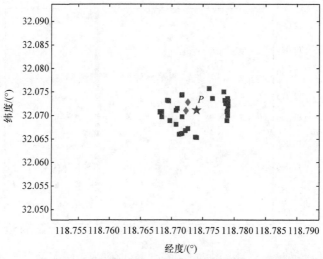

(b) 距离阈值小于500m的合乘者出发地附近出租车数

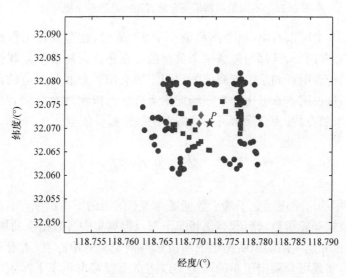

(c) 距离阈值小于1km的合乘者出发地附近出租车数

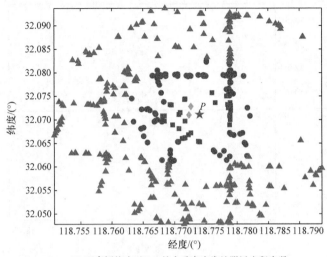

(d) 距离阈值小于2km的合乘者出发地附近出租车数

图 5.15　不同距离阈值下合乘者出行点附近出租车数

　　从图 5.15 中可以看出,当距离阈值小于 200m 时,在合乘者出行点附近的出租车聚类中心有两个,且都为包含一个数据的数据集。但随着距离阈值的不断增大,合乘者出行点附近满足距离阈值的出租车聚类中心数和相对应的出租车数据在逐渐增大,这说明本章提出的数据场能聚类算法可以实现对合乘者出行点附近可合乘出租车的查找,为合乘者可合乘方案的确定提供依据。

5.4　本章小结

　　本章利用场论原理建立了基于数据场能和点间距的城市出租车合乘车辆聚类算法,利用数据场能函数求解载客出租车下车点数据集中各数据点的场能,根据各数据点场能值和点间距乘积所确定的阈值来判别聚类的中心点、离群点和各聚类子集数据点,实现可合乘出租车的聚类。以南京市载客出租车下车点轨迹数据为例,利用类内紧密度、类间分离度、邓恩指数等聚类效果评价指标,将本章所提出的数据场能聚类算法与 K-means 算法、FCM 算法、层次聚类算法和 DBSCAN 算法四种经典聚类算法的聚类效果进行比较,可以看出该算法对城市道路中的出租车轨迹聚类有一定的优势,说明数据场能聚类算法更适合有一定空间分布形状但在时间上分布不确定的数据集聚类,为城市交通数据聚类提供了一种新的聚类方法和思路。

参 考 文 献

[1] 陆宁,史玉芳,秦晓丽. 西部地区公路运输能力模糊聚类分析[J]. 长安大学学报(自然科学版),2004,24(6):60-63.

[2] Bonarrigo S,Carchiolo V,Longheu A,et al. A carpooling open application with social oriented reward mechanism[J]. Lecture Notes in Computer Science,2014,8729:447-456.

[3] Häme L. An adaptive insertion algorithm for the single-vehicle dial-a-ride problem with narrow time windows[J]. European Journal of Operational Research,2011,209(1):11-22.

[4] Agatz N A H,Erera A L,Savelsbergh M W P,et al. Dynamic ride-sharing:A simulation study in metro Atlanta[J]. Transportation Research Part B:Methodological,2011,45(9):1450-1464.

[5] Shinde T,Thombre B. An effective approach for solving carpool service problems using genetic algorithm approach in cloud computing[J]. International Journal of Advance Research in Computer Science and Management Studies,2015,3(12):29-33.

[6] Manzini R,Pareschi A. A decision-support system for the car pooling problem[J]. Journal of Transportation Technologies,2012,2(2):85-101.

[7] Pelzer D,Xiao J,Zehe D,et al. A partition-based match making algorithm for dynamic ride-sharing[J]. IEEE Transactions on Intelligent Transportation Systems,2015,16(5):1-12.

[8] Jiau M K,Huang S C. Services-oriented computing using the compact genetic algorithm for solving the carpool services problem[J]. IEEE Transactions on Intelligent Transportation Systems,2015,16(5):1-12.

[9] 杨志家,王子,汪扬,等. 车辆合乘问题的两阶段分布式估计算法[J]. 交通运输系统工程与信息,2016,16(2):164-169.

[10] 淦文燕,李德毅,王建民. 一种基于数据场的层次聚类方法[J]. 电子学报,2006,34(2):258-262.

[11] 张霓,陈天天,何熊熊. 基于数据场和单次划分的聚类算法[J]. 浙江工业大学学报,2016,44(1):52-57.

[12] Rodriguez A,Laio A. Clustering by fast search and find of density peaks[J]. Science,2014,344(6191):1492-1496.

[13] Wang S L,Wang D K,Li C Y,et al. Clustering by fast search and find of density peaks with data field[J]. Chinese Journal of Electronics,2016,25(3):397-402.

[14] Mehmood R,Zhang G,Bie R,et al. Clustering by fast search and find of density peaks via heat diffusion[J]. Neurocomputing,2016,208(6191):210-217.

[15] 赵兴旺,梁吉业. 一种基于信息熵的混合数据属性加权聚类算法[J]. 计算机研究与发展,2016,53(5):1018-1028.

[16] Fahad A,Alshatri N,Tari Z,et al. A survey of clustering algorithms for big data:Taxonomy and empirical analysis[J]. IEEE Transactions on Emerging Topics in Computing,2014,2(3):267-279.

[17] Mahmood A N, Leckie C, Udaya P. An efficient clustering scheme to exploit hierarchical data in network traffic analysis[J]. IEEE Transactions on Knowledge & Data Engineering, 2008,20(6):752- 767.

[18] Mahmood A N, Leckie C, Udaya P. Echidna:Efficient clustering of hierarchical data for network traffic analysis[C]. The 5th International IFIP-TC6 Networking Conference, Coimbra,2006.

[19] Heckerman D. An experimental comparison of several clustering and initialization methods[C]. Proceedings of the 14th Conference on Uncertainty in Artificial Intelligence,Madison,1998.

第 6 章　城市出租车合乘方案选择优化模型及算法

出租车是城市公共交通体系中的重要组成部分,它可以为乘客提供方便快捷的公共出行服务,具有私密、舒适、点到点的服务特性,是提升城市公共交通服务水平、提高出行效率、扩大社会就业的有效途径[1]。然而,随着中国城市化进程的加快,面对日益紧张的出租车市场供需状态,出租车管理部门虽然加大出租车投放量,但仍然无法满足乘客对出租车出行的需求[2]。提升出租车的运营效率和实载率是在现有出租车投放量情况下改善城市出租车服务水平的有效方式。合乘作为一种解决手段,在国内外许多大城市已得到应用,它是在客运高峰时段或路段,乘客经协商同意共同乘坐同一辆出租车的自愿行为,其合乘费用由合乘人员共同承担。虽然北京、上海等大城市推出出租车合乘政策,但目前的合乘多为预约方式,且乘客需要支付预约费用。因此,改善目前的合乘选择方式、提高合乘的效率、实时满足合乘需求是出租车合乘中的关键问题。

在目前合乘的研究中,主要集中在两个方面:传统匹配算法,即利用图论法[3,4]、GPS 法[5]和启发式算法[6-9]等实现乘客和车辆的匹配;智能算法,即利用量子进化算法[10]、遗传算法[11]和神经网络算法等实现合乘问题。本章尝试从合乘者的角度利用多目标决策的方法构建出租车合乘方案的选择优化模型,为合乘者选择最优合乘方案提供决策的依据。

6.1　出租车合乘方案选择优化模型

6.1.1　城市交通道路网络化

将城市交通道路网中的十字路口、T 形路口、三岔路口等道路交汇点作为网络中的节点,同时根据从左至右、从上到下的节点标号原则,依次对道路网络节点进行标号,构建城市交通道路网 G,设 $G=(v,l)$,其中 v 表示道路网中的节点,即 $v=\{v_1,v_2,\cdots,v_i\}$。令 $v_i=(x_{ix},x_{iy})$,其中 x_{ix}、x_{iy} 表示节点 v_i 在坐标系中的位置,$l=\{l_1,l_2,\cdots,l_i\}$,l_i 表示各节点间的距离,构建各节点间的距离矩阵:

$$D=\begin{cases}d_{ij}=M, & i-j<\varepsilon \\ d_{ij}=0, & i=j \\ d_{ij}=\infty, & i-j>\varepsilon\end{cases} \qquad (6.1)$$

式中,D 表示各节点间的距离集矩阵;d_{ij} 表示节点 i 到节点 j 的距离;ε 表示节点邻近阈值,$i-j<\varepsilon$ 表示 i 和 j 为邻近节点,$i-j>\varepsilon$ 表示 i 和 j 为不邻近节点,$i=j$ 表示 i 和 j 为相同节点。

6.1.2 出租车出行的数学化描述

定义 Q 为城市交通道路网中出租车的信息集合,$Q=\{t_i,i\in n\}$,t_i 表示第 i 辆出租车的出行信息。定义 $t_i=\{(t_{isx},t_{isy}),t_{it},t_{ip},t_{in},(t_{ifx},t_{ify})\}$,其中 (t_{isx},t_{isy}) 表示出租车初始载客时的位置信息,t_{it} 表示出租车初始载客的时间,t_{ip} 表示出租车初始载客时的乘客人数,t_{in} 表示出租车初始载客后所确定的行驶路径节点集,(t_{ifx},t_{ify}) 表示出租车目的地的位置信息。

1. 合乘乘客的数学化描述

定义 P_C 为城市交通道路网中合乘乘客的信息集合,$P_C=\{p_i,i\in n\}$,p_i 表示第 i 组合乘乘客,定义 $p_i=\{(p_{isx},p_{isy}),p_{it},p_{ip},p_{in},(p_{ifx},p_{ify})\}$。其中,$(p_{isx},p_{isy})$ 表示合乘时的位置信息,p_{it} 表示合乘乘客出发时间,p_{ip} 表示合乘乘客的人数,p_{in} 表示合乘后的行驶路径节点集,(p_{ifx},p_{ify}) 表示合乘乘客目的地的位置信息。

2. 合乘方案选择影响因素分析

对于选择出租车合乘的乘客,合乘方案选择的主要因素包括:合乘乘客上、下车的距离,合乘等待时间以及合乘路径距离等。

1) 合乘乘客上、下车的距离

合乘乘客上、下车的距离是指合乘乘客到达合乘点上车的距离以及乘坐出租车下车到达目的地的距离。合乘乘客上、下车的距离主要依赖于合乘点的起始位置和终点位置,如图 6.1 所示。

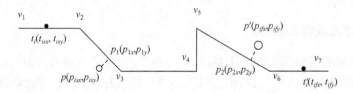

图 6.1　合乘乘客合乘距离图

图 6.1 中,出租车的初始位置和目的地位置为 $t_i(t_{isx},t_{isy})$ 和 $t_i'(t_{ifx},t_{ify})$,道路行驶路径 $t_{in}=\{t_i\rightarrow v_2\rightarrow v_3\rightarrow v_4\rightarrow v_5\rightarrow v_6\rightarrow t_i'\}$,合乘乘客的起始位置和目的地位置分别为 $p(p_{isx},p_{isy})$ 和 $p'(p_{ifx},p_{ify})$,合乘点的起始和目的地位置信息为 $p_1(p_{1x},p_{1y})$ 和 $p_2(p_{2x},p_{2y})$。要实现合乘距离的计算,关键是确定合乘点 p_1 和 p_2 的位置,具体如下。

由图 6.1 可知,合乘乘客的初始位置信息和目的地位置信息确定,利用几何中距离的计算原理,分别求出初始位置和目的地位置与出租车行驶路径各节点的距离,并分别确定初始位置和目的地位置与出租车行驶路径各节点距离最短的节点,如式(6.2)～式(6.5)所示:

$$d_{spj} = \sqrt{(p_{isx} - x_{jx})^2 + (p_{isy} - x_{jy})^2}, \quad j \in t_{in} \tag{6.2}$$

$$p_n = i, j = \min(d_{spj}), \quad j \in t_{in} \tag{6.3}$$

$$d_{fpk} = \sqrt{(p_{ifx} - x_{kx})^2 + (p_{ify} - x_{ky})^2}, \quad k \in t_{in} \tag{6.4}$$

$$p_m = k, k = \min(d_{fpk}), \quad k \in t_{in} \tag{6.5}$$

式中,d_{spj} 表示合乘乘客初始位置与出租车行驶路径各节点的距离;d_{fpk} 表示合乘乘客目的地位置与出租车行驶路径各节点的距离;p_n 表示合乘乘客初始位置与出租车行驶路径各节点距离最短的节点;p_m 表示合乘乘客目的地位置与出租车行驶路径各节点距离最短的节点。

利用点到线段的最短距离公式判断合乘乘客初始位置和目的地位置与距离最短节点相邻边的位置,如式(6.6)和式(6.7):

$$r_1 = \frac{v_j p \cdot v_j v_{j-1}}{|v_j v_{j-1}|^2}, \quad r_2 = \frac{v_j p \cdot v_j v_{j-1}}{|v_j v_{j+1}|^2} \tag{6.6}$$

式中,r_1 表示点 p 的垂线在线段 $v_j v_{j-1}$ 上的位置;r_2 表示点 p 的垂线在线段 $v_j v_{j+1}$ 上的位置。

$$r_3 = \frac{v_k p \cdot v_k v_{k-1}}{|v_k v_{k-1}|^2}, \quad r_4 = \frac{v_k p \cdot v_k v_{k-1}}{|v_k v_{k+1}|^2} \tag{6.7}$$

式中,r_3 表示点 p' 的垂线在线段 $v_k v_{k-1}$ 上的位置;r_4 表示点 p' 的垂线在线段 $v_k v_{k+1}$ 上的位置。

条件 1:若 $0 < r_1 < 1$ 且 $0 < r_2 < 1$,说明点 p 分别在线段 $v_j v_{j+1}$ 和线段 $v_j v_{j-1}$ 上,则分别计算点 p 与两线段的距离,比较最短距离,并求出点 p 的合乘点 $p_1(p_{1x}, p_{1y})$。

条件 2:若 $r_1 \geqslant 1$ 或 $r_1 \leqslant 0$,且 $0 < r_2 < 1$,说明点 p 在线段 $v_j v_{j+1}$ 上,求出点 p 的合乘点 $p_1(p_{1x}, p_{1y})$。

条件 3:若 $r_2 \geqslant 1$ 或 $r_2 \leqslant 0$,且 $0 < r_1 < 1$,说明点 p 在线段 $v_j v_{j-1}$ 上,求出点 p 的合乘点 $p_1(p_{1x}, p_{1y})$。

条件 4:若 $0 < r_3 < 1$ 且 $0 < r_4 < 1$,说明点 p 分别在线段 $v_j v_{j+1}$ 和线段 $v_j v_{j-1}$ 上,则分别计算点 p 与两线段的距离,比较最短距离,并求出点 p 的合乘点 $p_2(p_{1x}, p_{1y})$。

条件 5:若 $r_3 \geqslant 1$ 或 $r_3 \leqslant 0$,且 $0 < r_4 < 1$,说明点 p 在线段 $v_k v_{k+1}$ 上,求出点 p 的合乘点 $p_2(p_{2x}, p_{2y})$。

条件 6:若 $r_4 \geqslant 1$ 或 $r_4 \leqslant 0$,且 $0 < r_3 < 1$,说明点 p 在线段 $v_k v_{k-1}$ 上,求出点 p 的

合乘点 $p_2(p_{2x}, p_{2y})$。

确定合乘乘客到达合乘点的上车距离为

$$d_s = \sqrt{(p_{isx} - p_{1x})^2 + (p_{isy} - p_{1y})^2} \tag{6.8}$$

式中，d_s 表示合乘乘客到达合乘点的上车距离；(p_{isx}, p_{isy}) 表示合乘乘客出行点坐标；(p_{1x}, p_{1y}) 表示合乘点坐标。

确定合乘乘客到达目的地下车后的距离为

$$d_f = \sqrt{(p_{ifx} - p_{2x})^2 + (p_{ify} - p_{2y})^2} \tag{6.9}$$

式中，d_f 表示合乘乘客到达目的地下车后的距离；(p_{ifx}, p_{ify}) 表示合乘乘客下车点坐标；(p_{2x}, p_{2y}) 表示合乘乘客的目的地坐标。

2) 合乘等待时间

合乘等待时间是出租车到达合乘点的时间与合乘人员到达合乘点的时间差。合乘的等待时间越短，合乘的效果就越好。

由图 6.1 可知，对于合乘乘客 p_i，合乘等待时间为出租车从 t_i 到 p_1 的时间与合乘乘客从 p 到 p_1 的时间差。

定义

$$z_2 = t_c - t_p \tag{6.10}$$

$$t_c = \frac{\sum_{i \neq j; i, j \in p_{in}} d_{ij} + d_{vp}}{v_t} + \Delta\tau_1 \tag{6.11}$$

$$t_p = \frac{d_{pp1}}{v_p} + \Delta\tau_2 \tag{6.12}$$

式(6.10)、式(6.11)和式(6.12)中，z_2 表示合乘等待时间，t_c 表示出租车到达合乘点的时间；p_{in} 表示出租车从起始点到达合乘点所经过点的集合；d_{ij} 为出租车到达合乘点前各相邻节点间的距离；d_{vp} 表示合乘点与相邻节点间的距离；$\Delta\tau_1$ 表示出租车在到达合乘点前由于交通灯、道路交通流等不确定因素所消耗的时间；v_t 表示出租车的平均行驶速度；t_p 表示合乘乘客到达合乘点所需的时间；d_{pp1} 表示合乘乘客到达合乘点的距离；v_p 表示乘车人员的步速；$\Delta\tau_2$ 表示合乘人员由于步速、道路计算误差等不确定因素所消耗的时间。

3) 合乘路径距离

合乘路径距离是指合乘乘客从合乘点乘坐出租车到达目的地的路径距离。合乘路径距离越小，说明合乘的时间短、费用低，合乘的选择可能性较大；合乘路径距离越大，说明合乘的时间长、费用高，合乘的选择可能性较小。

设出租车的行驶路径为 $t_i = (v_1, v_2, \cdots, v_n)$，其乘客的合乘距离为 $p_L = \{p_1 \rightarrow v_2 \rightarrow v_3 \rightarrow v_4 \rightarrow v_5 \rightarrow p_2\}$。计算合乘距离 z_4 为

$$z_4 = \sum_{i \neq j; i, j \in p_L} \sqrt{(x_{ix} - x_{jx})^2 + (x_{iy} - x_{jy})^2} \qquad (6.13)$$

4) 合乘方案选择模型构建

设有 n 辆出租车的出行信息，即 $Q = \{t_1, t_2, \cdots, t_n\}$，在 m 个合乘乘客组中第 i 个合乘乘客为 p_i，则对于 p_i 的多目标选择模型为

$$(U) = \begin{cases} \min z_1 = d_s & (6.14a) \\ \min z_2 = d_f & (6.14b) \\ \min z_3 = \dfrac{\sum\limits_{i \neq j; i, j \in p_{in}} d_{ij} + d_{vp}}{v_t} + \Delta\tau_1 - \dfrac{d_{pp1}}{v_p} + \Delta\tau_2 & (6.14c) \\ \min z_4 = \sum\limits_{i \neq j; i, j \in p_{in}} (x_{ix} - x_{jx})^2 + (x_{iy} - x_{jy})^2 & (6.14d) \end{cases}$$

$$\text{s. t.} \begin{cases} \sqrt{(p_{isx} - p_{1x})^2 + (p_{isy} - p_{1y})^2} \leqslant \Delta d_1 & (6.15a) \\ \sqrt{(p_{ifx} - p_{2x})^2 + (p_{ify} - p_{2y})^2} \leqslant \Delta d_2 & (6.15b) \\ \dfrac{\sum\limits_{i \neq j; i, j \in p_{in}} d_{ij} + d_{vp}}{v_t} + \Delta\tau_1 \geqslant \dfrac{d_{pp1}}{v_p} + \Delta\tau_2 & (6.15c) \end{cases}$$

式(6.14)中的目标函数(6.14a)~(6.14d)分别为合乘乘客上、下车的距离最短，合乘等待时间最短，合乘到达目的地路径最短。式(6.15a)表示合乘乘客初始位置与出租车行驶路径节点的最短距离应小于 Δd_1，若大于 Δd_1 则表明初始位置距离合乘点步行距离太长，不适合合乘；式(6.15b)表示合乘乘客目的地位置与出租车行驶路径节点的最短距离应小于 Δd_2，若大于 Δd_2 则表明到目的地步行距离太长，不适合合乘；式(6.15c)表示出租车到达合乘的时间应大于合乘乘客到达合乘点的时间。

6.2　模型的算法求解

对于多目标优化问题的目标函数，其函数间多为互相矛盾，采用传统算法很难直接得出多目标的最优解，本节将多目标模型求解分为两个阶段，第一步进行可行路径的求解，第二步运用信息熵法确定目标权重，并对各可行路径进行综合目标值计算，找出最优路径方案。

6.2.1　可行路径的搜索

出租车本身包含路径信息，在进行可行路径集合搜索求解时，可利用出租车的路径信息与单个合乘乘客进行路径匹配计算，从而找到符合要求的可行路径集合。

具体步骤如下。

（1）计算各出租车和合乘乘客初始位置间的距离，满足小于 Δd_1 则进行下一步的计算，不满足则退出。

（2）计算各出租车和合乘乘客目的地位置间的距离，满足小于 Δd_2 则进行下一步的计算，不满足则退出。

（3）计算出租车到达合乘点的时间与合乘乘客到达合乘点的时间差，若大于 0，则进行下一步计算，不满足则退出。

（4）计算出租车与合乘乘客的路径匹配度，若匹配度高则满足可行路径的条件，若匹配度低或不满足匹配则退出。

6.2.2 可行路径的综合目标值计算

合乘可行路径选择的实质为多目标决策问题，信息熵[12] 是一种常用的确定多目标权重的方法，该方法基于"差异驱动"原理，突出局部差异性，由各样本实际数据求最优权重，反映指标信息熵值的效用价值，避免人为因素的影响，因而给出的指标更加客观。

设可行的路径数为 m，评价指标项为 n，其指标数据矩阵 $X = (x_{ij})_{m \times n}$，利用信息熵法可得路径的综合目标值，具体步骤如下。

（1）建立可行路径的决策矩阵 X：

$$X = \begin{bmatrix} x_{11} & x_{12} & \cdots & x_{1n} \\ x_{21} & x_{22} & \cdots & x_{2n} \\ \vdots & \vdots & & \vdots \\ x_{m1} & x_{m2} & \cdots & x_{mn} \end{bmatrix} \qquad (6.16)$$

（2）对决策矩阵 X 进行列归一化处理：

$$r_{ij} = \frac{x_{ij}}{\max(x_{ij})} \qquad (6.17)$$

得到归一化矩阵 R：

$$R = \begin{bmatrix} r_{11} & r_{12} & \cdots & r_{1n} \\ r_{21} & r_{22} & \cdots & r_{2n} \\ \vdots & \vdots & & \vdots \\ r_{m1} & r_{m2} & \cdots & r_{mn} \end{bmatrix} \qquad (6.18)$$

（3）计算第 i 个因素下第 j 个评价值的比值 p_{ij}，为

$$p_{ij} = \frac{r_{ij}}{\sum\limits_{j=1}^{n} r_{ij}} \qquad (6.19)$$

（4）计算第 i 个因素的熵值 e_i，为

$$e_i = -h\sum_{j=1}^{n} p_{ij}\ln p_{ij}, \quad h = \frac{1}{\ln m} \tag{6.20}$$

（5）计算第 i 个因素的差异系数 g_i，为

$$g_i = 1 - e_i \tag{6.21}$$

给定的熵值 e_i 越大，因素评价值的差异性越小，因素在综合评价中所起的作用越小；差异系数因素 g_i 越大，因素越重要。

（6）定义权重 $W_i = \dfrac{g_i}{\sum\limits_{i=1}^{m} g_i}$，$W_i$ 是熵权法确定的权重。

（7）计算可行路径的综合目标值：

$$k_i = \sum_{j=1}^{n} W_i r_{ij}, \quad i = 1, 2, \cdots, n \tag{6.22}$$

根据计算得到的综合目标值，按照从大到小顺序对可行路径进行排序，排在前面的路径为较优路径。

6.3　算例分析

图 6.2 为某城区的城市交通道路网络转化图，共有 37 个节点，其节点的坐标如表 6.1 所示。

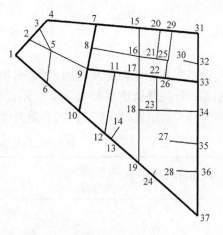

图 6.2　城市交通道路网络转化图

表 6.1　城市交通道路网节点坐标

节点号	坐标(x_{ix}, x_{iy})		节点号	坐标(x_{ix}, x_{iy})		节点号	坐标(x_{ix}, x_{iy})		节点号	坐标(x_{ix}, x_{iy})	
1	300	1665	11	3840	2280	21	5355	1830	31	6855	945
2	825	1140	12	3495	4425	22	5355	2460	32	6870	2025
3	1155	780	13	3720	4620	23	5355	3600	33	6900	2655
4	1440	465	14	4005	4215	24	5235	5925	34	6885	3660
5	1545	1530	15	4695	765	25	5595	1890	35	6885	4800
6	1410	2655	16	4710	1710	26	5610	2505	36	6900	5805
7	3150	645	17	4695	2385	27	5865	4725	37	6870	7305
8	3045	1440	18	4725	3615	28	6075	5775			
9	2850	2175	19	4710	5415	29	5910	870			
10	2565	3645	20	5475	795	30	6345	1875			

各节点间的距离为

$$D = \begin{bmatrix} & 1 & 2 & 3 & 4 & 5 & \cdots & 35 & 36 & 37 \\ 1 & 0 & 0.74 & \infty & \infty & \infty & \cdots & \infty & \infty & \infty \\ 2 & 0.74 & 0 & 0.49 & \infty & 0.82 & \cdots & \infty & \infty & \infty \\ 3 & \infty & 0.49 & 0 & 0.85 & \infty & \cdots & \infty & \infty & \infty \\ \vdots & \vdots & \vdots & \vdots & \vdots & \vdots & \vdots & \vdots & \vdots & \vdots \\ 35 & \infty & \infty & \infty & \infty & \infty & \cdots & 1.14 & \infty & \infty \\ 36 & \infty & \infty & \infty & \infty & \infty & \cdots & 1.01 & 0 & 5.87 \\ 37 & \infty & \infty & \infty & \infty & \infty & \cdots & \infty & 1.50 & 0 \end{bmatrix}$$

$$(6.23)$$

设 G 的每条路段是双向的,根据出租车和乘客的属性[13-15],其取值随机产生出租车的行驶路径信息如表 6.2 所示。合乘乘客 p_i 出行信息如下,初始位置为 (3345,2040),出发时间为 9:50,合乘人数为 1,目的地位置为(6675,6435)。

表 6.2　出租车行驶路径信息

序号	出租车初始位置	出租车行驶时刻	行驶路径	出租车目的地位置
1	(1830,480)	9:30	7→8→9→11→17→22→26→33	(6885,7410)
2	(2445,1965)	9:55	9→11→17→22→26→33→34→35→36	(6870,6900)
3	(2850,2160)	10:00	9→11→17→18→19→24→37	(6870,5310)
4	(495,1875)	9:20	1→6→10→12→13→19→24→37→36	(6870,6660)
5	(2070,3225)	9:58	10→9→11→17→22→26→33→34→35→36	(6840,1575)

序号	出租车初始位置	出租车行驶时刻	行驶路径	出租车目的地位置
6	(3060,1140)	9:54	8→9→11→12→13→19→24→37	(6870,6660)
7	(2275,2655)	10:01	9→11→17→18→23→34→35→36	(6900,6290)
8	(6870,1170)	9:20	31→32→33→34→35→36	(6900,6105)
9	(420,1485)	9:10	1→2→3→4→7→15→20→29	(6285,840)
10	(825,2235)	9:15	1→6→10→12→13→19→24	(5670,6360)

根据表 6.1 的节点坐标以及各节点间的距离矩阵 D,结合表 6.2 中出租车的出行路径信息,合乘乘客上、下车的距离,合乘的等待时间以及合乘的路径相似度建立合乘乘客 p_i 的合乘点选择多目标优化模型,利用信息熵法对可行路径的决策矩阵进行权重的确定,并求出可行路径的综合目标值,如表 6.3 所示。

表 6.3 合乘乘客合乘选择方案及目标值

合乘出租车路径信息	综合目标值	Z_1/m	Z_2/m	Z_3/min	Z_4/m
9→11→17→22→26→33→34→35→36	0.9799	73	50	3.95	1360
9→11→17→18→23→34→35→36	0.8752	73	80	9.15	1282
10→9→11→17→22→26→33→34→35→36	0.8467	73	109	7.62	1354
9→11→17→18→19→24→37	0.5415	120	352	9.35	1940
8→9→11→12→13→19→24→37	0.4461	163	159	5.23	3423
7→8→9→11→17→22→26→33	—	不满足多目标约束条件			
1→6→10→12→13→19→24→37→36	—	不满足多目标约束条件			
31→32→33→34→35→36	—	不满足多目标约束条件			
1→2→3→4→7→15→20→29	—	不满足多目标约束条件			
1→6→10→12→13→19→24	—	不满足多目标约束条件			

从表 6.3 中可以看出,在假定产生的 10 条出租车路径中有 5 条为可行路径,5 条为不可行路径。在可行路径的综合目标值对比中发现 Z_1 和 Z_3 的数值对合乘方案的选择因素影响较大,其对应的权重分别为 0.3859 和 0.3506,这反映了信息熵法基于"差异驱动"的特点。合乘乘客 p_i 可以根据综合目标值来判断选择最优的合乘方案。

6.4　本章小结

　　在城市交通网络中构建了合乘乘客上、下车距离最短,合乘等待时间最短,合乘到达目的地路径最短的目标函数,在考虑 1 次合乘次数的限制下,建立合乘乘客合乘方案的最优化模型,并利用搜索算法和熵权法来实现多目标优化方案的求解。通过算例得出了合乘乘客的合乘点综合目标值,计算结果证明该算法模型可以快速有效地得到合乘乘客满意的出行方案。本书只涉及假定情况下的出租车合乘方案优化,而实际合乘中对于道路的拥堵、出租车行驶路线的确定等因素都是未知情形,如何从优化的角度严格地描述不确定现象,以及对于多次合乘问题的优化等需要后续深入的探讨。

参 考 文 献

[1] 袁长伟,吴群琪. 不同目标下城市出租车最优实载率模型[J]. 长安大学学报(自然科学版),2014,34(2):88-93.

[2] 张少博,杨英俊,赵文义,等. 城市出租汽车特征价格定价模型[J]. 长安大学学报(自然科学版),2014,34(4):127-133.

[3] Garling T, Garling A, Johansson A. Household choice of car-use reduction measures[J]. Transportation Research Part A:Policy and Practice,2000,34(5):309-320.

[4] Knapen L, Yasar A, Cho S, et al. Exploiting graph-theoretic tools for matching in carpooling applications[J]. Journal of Ambient Intelligence and Humanized Computing, 2013, 4: 791-800.

[5] He W, Kai H, Li D Y, et al. Intelligent carpool routing for urban ridesharing by mining GPS trajectories[J]. IEEE Transaction on Intelligent Transportation Systems, 2014, 15 (5): 2286-2296.

[6] Calvo R W, de Luigi F, Haastrup P, et al. A distributed geographic information system for the daily car pooling problem[J]. Computers & Operations Research, 2004, 31 (13): 2263-2278.

[7] Yan S, Chen C Y. An optimization model and a solution algorithm for the many to many carpooling problem[J]. Annals of Operations Research,2011,191(1):37-71.

[8] Baldacci R, Memiezzo V, Mingozzi A. An exact method for the car pooling problem based on lagrangean column generation[J]. Operations Research,2004,52(3):422-439.

[9] 邵增珍,王洪国,刘弘,等. 车辆合乘匹配问题中服务需求分派算法研究[J]. 清华大学学报(自然科学版),2013,53(2):252-258,264.

[10] 王万良,黄海鹏,赵燕伟,等. 基于车辆共享的软时间窗动态需求车辆路径问题[J]. 计算机集成制造系统,2011,17(5):1056-1063.

[11] 程杰,唐智慧,刘杰,等. 基于遗传算法的动态出租车合乘模型研究[J]. 武汉理工大学学

报(交通科学与工程版),2013,37(1):187-191.

[12] 张文泉,张世英,江立勤. 基于熵的决策评价模型及应用[J]. 系统工程学报,1995,10(3): 69-74.

[13] Xiao Q, He R C. Carpooling scheme selection for taxi carpooling passengers: A multi-objective model and optimisation algorithm[J]. Archives of Transport, 2017, 42(2):85-92.

[14] 肖强,何瑞春,俞建宁,等. 基于模糊聚类和识别的出租车合乘算法研究[J]. 交通运输系统工程与信息,2014,14(5):119-125.

[15] Zhang W, He R C, Xiao Q, et al. Research on strategy control of taxi carpooling detour route under uncertain environment[J]. Discrete Dynamics in Nature and Society, 2016, (2):1-11.

第7章 城市合乘乘客出租车匹配评价模型及算法

城市出租车合乘乘客匹配问题是指通过对出租车行驶过程聚类后的数据集，根据合乘乘客的出行点位置和目的地位置，实现合乘乘客与城市载客出租车的匹配。本章利用到达合乘出行点的距离、到达目的地距离、合乘距离和到达合乘出行点的时间等指标构建物元评价模型，并利用熵权模糊物元法对四项指标进行评价计算，实现对合乘乘客出租车匹配方案的评价，并确定最优匹配方案。本章是出租车合乘三阶段算法理论中的第二阶段，本阶段算法起着承上启下的作用，是出租车合乘算法中的核心，是出租车合乘最终得以实现的基础。

7.1 城市合乘乘客出租车匹配问题数学模型的构建

在出租车的合乘中，根据出租车行驶的路径是否已知，分为确定性合乘匹配问题和不确定性合乘匹配问题[1]。确定性合乘匹配问题是指出行乘客乘坐出租车，出租车司机了解出行目的地后，出租车路径由导航系统确定行驶路径，出租车司机按设定的路线行驶。不确定性合乘匹配问题是指出行乘客乘坐出租车，出租车司机了解出行目的地后，凭个人经验和路况判断，随机选择行驶路径。本书设计的合乘系统具有对出租车行驶路径进行规划的功能，只要愿意提供合乘服务的出租车，必须使用合乘系统，为此只对确定性合乘匹配问题进行研究。

7.1.1 城市合乘乘客出租车匹配问题描述

合乘乘客与载客出租车的匹配是出租车合乘最终实现的基础，本节将从合乘匹配问题描述和相关符号定义两方面来对合乘乘客与载客出租车匹配问题进行描述。

1. 问题描述

利用出租车行驶的聚类结果，将有相同或相近行驶地的出租车进行划分，为合乘乘客的匹配提供基础。对合乘乘客出行的出行点与载客出租车的行驶位置聚类结果进行对比分析，找出与合乘乘客初始位置相近的出租车，将其行驶目的地与合乘乘客的目的地进行对比，选取可以合乘的出租车，具体如图7.1所示。

图7.1(a)表示合乘乘客的出行点与出租车行驶点聚类中心相同或相近，选择该数据集中的出租车作为合乘乘客可能的匹配车辆之一。将合乘乘客目的地与出

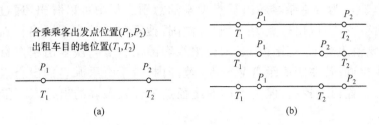

图 7.1　出租车与合乘乘客合乘示意图

租车目的地进行对比,若合乘乘客与出租车目的地相同或相近,则作为合乘乘客匹配的方案之一。因为在合乘中具有与出行乘客相同或相近的目的地,既可以节约出租车的运行时间,也可以减少出行乘客的出行费用。

图 7.1(b)表示合乘乘客的出行点与出租车行驶点聚类中心相距较远,选择距离合乘乘客出行点附近的聚类数据集中的出租车作为合乘乘客可能匹配的车辆之一。在这种选择下会出现三种情况,即出租车内的乘客和合乘乘客目的地相同或相近、出租车内的乘客先于合乘乘客下车和出租车内的乘客后于合乘乘客下车。出行者的负担费用相对于前种方案会增加,且可能会增加额外的距离和时间,但可以满足乘客合乘的需求,提升合乘的成功率。

利用不同半径,搜索合乘乘客位置附近的出租车点,将得到的出租车点目的地与合乘乘客的目的地进行匹配。若匹配,则确定为合乘乘客载客出租车匹配方案之一;若不匹配,则扩大搜索半径,继续进行匹配,直至合乘匹配方案的实现。具体如图 7.2 所示。

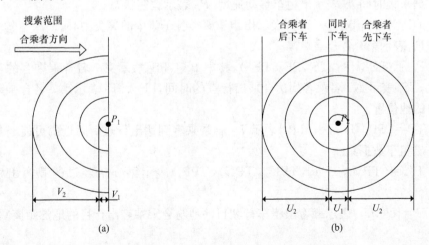

图 7.2　合乘者出行点和目的地出租车搜索示意图

图 7.2(a)为合乘乘客的出行点搜索示意图。从中可以看出,通过确定合乘者的出行方向,以出行点 P_1 为圆心做圆,搜索与其他有相同出行点的出租车,若在阈值距离 V_1 范围内,表示合乘乘客的出行点与载客出租车目前的位置相同或相近;若在阈值距离 V_1+V_2 范围内,表示合乘乘客的出行点与出租车目前的位置相距较远,但出租车的途径点与合乘乘客的出行点可能相同或相近。

图 7.2(b)为合乘乘客的目的地相同或相近的出租车搜索示意图。将相同或途经合乘乘客出行点的载客出租车与合乘者的目的地进行匹配,从图中可以看出,以目的地 P_2 为圆心做圆形搜索,若在阈值距离 U_1 范围内,表示合乘乘客的目的地与出租车的目的地相同或相近,出租车内的乘客和合乘乘客目的地地点近似;若在阈值距离 U_2 范围内,表示合乘乘客的目的地与出租车的目的地相距较远,出租车内的乘客后于合乘乘客下车,或者出租车内的乘客先于合乘乘客下车。

2. 符号定义

$C=\{c_1,c_2,\cdots,c_n\}$：C 表示在 t 时刻出租车行驶出行点或途径地的聚类集合,c_n 表示聚类子集。

$Q=\{t_1,t_2,\cdots,t_n\}$,为出租车数据集。

$t_i=\{\mathrm{ID},V_C,L_1,L_2,M_T,S,P_Z\}$ 表示第 i 组出租车信息集,$i=1,2,\cdots,n$,其中 ID 表示数据的序列号,V_C 表示车辆编号,L_1 表示经度,L_2 表示纬度,M_T 表示出租车数据采集时间,S 表示出租车移动速度,P_Z 表示载客状态。

$\mathrm{TC}=\{\mathrm{Tc}_1,\mathrm{Tc}_2,\cdots,\mathrm{Tc}_n\}$ 表示出租车聚类各子集中的聚类中心。

P_{Ci} 表示第 i 名合乘乘客。

$P_{Ci}=(\mathrm{PS}_i,\mathrm{PS}_{1i},\mathrm{TS}_i,\mathrm{PF}_{1i},\mathrm{PF}_{2i})$,其中 PS_1、PS_{2i} 表示第 i 名合乘乘客的初始位置,TS_i 表示第 i 名乘客到达合乘出行点的时间,PF_{1i}、PF_{2i} 表示第 i 名合乘乘客的目的地位置。

$\mathrm{TP}=\{\mathrm{TP}_1,\mathrm{TP}_2,\cdots,\mathrm{TP}_n\}$ 表示 P_{Ci} 合乘乘客到达出行点后附近的可能经过的载客出租车数据集。

$\mathrm{TP}_n=(\mathrm{TPV}_n,\mathrm{TPT}_n,\mathrm{TPL}_{1n},\mathrm{TPL}_{2n},\mathrm{TPP}_n)$ 表示第 n 辆经过的载客出租车信息。

$U=\{U_1,U_2\}$ 表示载客出租车行驶目的地与合乘乘客出行目的地的距离阈值。

7.1.2　城市合乘乘客出租车匹配问题建模

1. 相关约束条件

1）合乘乘客的出行点匹配条件

设定距离阈值 V，时间阈值 T_{Y1}，满足式（7.1）和式（7.2）：

$$\sqrt{(TP_{lngi}-PS_{lngi})^2+(TP_{lati}-PS_{lati})^2}<V \tag{7.1}$$

$$TPT_i-TS_i>T_{Y1} \tag{7.2}$$

式（7.1）表示合乘乘客出行点与将经过该点附近出租车的距离阈值小于 V；式（7.2）表示合乘乘客到达出行点的时间与将经过该点附近出租车的时间阈值大于 T_{Y1}，建立数据集 TP。

2）合乘乘客行驶目的地匹配条件

设定阈值 U 满足

$$\sqrt{(Tc_{lngi}-PF_{lngi})^2+(Tc_{lati}-PF_{lati})^2}<U$$
$$Tcv_i\in TP \tag{7.3}$$

式（7.3）表示第 i 辆出租车行驶目的地或途径地距离合乘乘客的目的地距离相同或较近，可作为合乘乘客的匹配出租车。

3）匹配条件

在上述约束条件下，将确定的合乘乘客出行点附近的出租车数据集与合乘乘客行驶目的地附近的出租车数据集进行匹配，即满足

$$Tpv_i=Tcv_i,\quad i\in T_n,j\in Tc_n \tag{7.4}$$

式中，Tpv_i 表示合乘乘客出行点附近的出租车数据集；Tcv_i 表示合乘乘客行驶目的地附近的出租车数据集。

式（7.4）表示找出约束条件下与合乘乘客出行点和目的地都相同或相近的出租车，作为乘客合乘匹配出租车方案。

2. 物元评价模型

物元分析是一种研究矛盾问题的理论和方法，既是一门系统科学，也是科学和数学交叉的边缘学科，为决策问题评价提供了一种新思路、新方法[2-4]。在物元分析中，把事物、特征和量值这个有序的三元组作为描述事物的基本元（简称为物元），记 $R=(N,C,X)$，其中 N 为事物，C 为事物特征，X 是 C 关于某一特征的量值。物元分析的优势是将看似不相容的问题，通过系统物元变换和结构变换等方法转化为相容问题，使问题得到合理解决。

利用物元评价模型将出租车合乘中看似不相容的评价指标，通过物元变换为

合乘者匹配出租车方案中的评价指标、指标特征值和评价等级。通过模糊物元法建立评价级别的量值范围,实现数据归一化,得到模型的经典域、节域及关联度,建立合乘者匹配出租车方案的物元评价模型。

1) 合乘乘客出租车匹配评价指标

评价是一些归类指标按照一定的规则和方法,对评判对象从一方面或多方面的综合状况做出优劣评定。合乘乘客出租车匹配评价的目的是提高合乘的成功率,为后续合乘路径的规划提供依据。根据合乘乘客出租车匹配影响因素,结合城市出租车出行数据的可得性,选取到达合乘目的地的距离、到达合乘出行点的距离、合乘距离和到达合乘出行点的时间作为合乘者出租车匹配评价指标。

2) 合乘乘客出租车匹配物元

假定合乘乘客出租车匹配评价指标类别为 N,关于评价指标类别的特征 C 的特征值为 X,建立有序三元 $R=(N,C,X)$ 组作为描述城市出租车合乘系统的基本元[5-7]。若合乘评价指标类别包含多个评价指标特征,则定义特征为 $C_1,C_2,\cdots,C_n$,所对应的特征值为 $X_1,X_2,\cdots,X_n$,合乘乘客出租车匹配物元分析模型表示为

$$R=(N,C,X)=\begin{bmatrix} N & C_1 & X_1 \\ & C_2 & X_2 \\ & \vdots & \vdots \\ & C_n & X_n \end{bmatrix} \tag{7.5}$$

3) 合乘乘客出租车匹配方案经典域物元和节域物元

若 N 划为 j 个评价类别,C_i 表示评价类别 N_j 对应的评价指标特征,定义 $X_{ji}=(a_{ji},b_{ji})$ 表示 N_j 关于评价特征 C_i 的量值范围,各类别 N_j 关于评价指标 C_i 所取得的数据范围称为经典域物元[8],表示为

$$R=(N_j,C_i,X_{ij})=\begin{bmatrix} N_j & C_1 & (a_{j1},b_{j1}) \\ & C_2 & (a_{j2},b_{j2}) \\ & \vdots & \vdots \\ & C_n & (a_{jn},b_{jn}) \end{bmatrix} \tag{7.6}$$

假定 N_p 为由标准事物和可转化为标准的事物组成的节域对象[6],$X_{pi}=(a_{pi},b_{pi})$ 表示节域对象关于特征 C_i 的量值范围,节域对象表示为

$$R_p=(N_p,C_p,X_p)=\begin{bmatrix} N_p & C_1 & (a_{p1},b_{p1}) \\ & C_2 & (a_{p2},b_{p2}) \\ & \vdots & \vdots \\ & C_n & (a_{pn},b_{pn}) \end{bmatrix} \tag{7.7}$$

4) 待评物元

建立合乘乘客出租车匹配方案评价指标特征值的待评数据:

$$
R_d = (N_d, C_i, X_i) = \begin{bmatrix} & L_1 & L_2 & \cdots & L_n \\ C_1 & x_{11} & x_{12} & \cdots & x_{1n} \\ C_2 & x_{21} & x_{22} & \cdots & x_{2n} \\ & \vdots & \vdots & & \vdots \\ C_m & x_{m1} & x_{m2} & \cdots & x_{mn} \end{bmatrix} \tag{7.8}
$$

式中,R_d 表示待评物元;L_i 表示第 i 个出租车;C_i 表示合乘乘客出租车匹配第 i 项的评价指标,其量值为 x_{ji}。

7.2　城市合乘乘客出租车匹配方案评价数学模型及算法

7.2.1　城市合乘乘客出租车匹配问题算法思路

为实现载客出租车对合乘乘客的匹配,通过上述合乘乘客出租车匹配物元法的分析,建立如图 7.3 所示的合乘乘客出租车匹配模型及求解算法示意图。

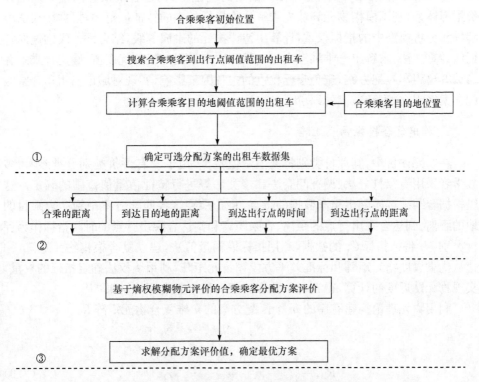

图 7.3　合乘乘客出租车匹配方案求解框图

从图 7.3 中可以看出,合乘乘客出租车匹配方案建模与求解过程分为以下三个步骤。

(1) 确定提供合乘乘客匹配的出租车数据集。根据合乘乘客出行点,确定相同或经过合乘乘客出行点的出租车,再根据合乘者目的地位置附近匹配的出租车,根据约束条件,建立数据集。

(2) 确定合乘乘客已匹配出租车方案的评价指标。确定出租车可选方案,建立合乘乘客出租车匹配方案评价指标 $U=(u_1,u_2,\cdots,u_n)$,即到达合乘目的地的距离、到达合乘出行点的距离、合乘距离和到达合乘出行点的时间。

(3) 建立载客出租车匹配方案评价等级。构建合乘匹配物元评价模型,利用模糊算法计算复合模糊物元矩阵,建立从优隶属度物元矩阵和标准差平方模糊物元矩阵。利用熵权法确定物元关联指标的权重 W,求解评价指标矩阵,利用贴近度计算各方案的评价等级 $PV=(v_1,v_2,\cdots,v_n)$,对方案进行综合评价。

7.2.2　基于熵权模糊物元评价的城市合乘乘客出租车匹配算法

在考虑影响合乘乘客出租车匹配因素的基础上,构建合乘乘客出租车匹配评价指标体系,利用模糊物元算法先求解评价指标类别的特征值范围,根据熵权法求解物元分析模型中的指标权重,计算出待评物元的隶属等级,结合评价级别偏向特征值计算方法,求解出合乘乘客出租车匹配方案隶属等级的优度值,确定合乘乘客与载客出租车匹配方案,避免指标权重的主观因素影响,实现对城市出租车合乘匹配方案客观、合理和准确的评价。

1. 构建复合模糊物元矩阵

在物元评价中,其评价类别特征值量值范围,由于没有评价类别分类参考,多数学者采用专家打分法、调查问卷法和聚类法等进行特征值量值范围的确定。这里根据合乘乘客匹配出租车数据的特点,将合乘乘客各匹配方案中到达合乘目的地的距离、到达合乘出行点的距离、合乘距离和到达合乘出行点的时间指标作为评价类别 N_j 特征指标 C_i 的数据,利用指标模糊量值法,建立复合模糊物元矩阵,构建从优隶属度物元矩阵和标准差平方模糊物元矩阵,利用熵权法确定指标的权重,实现物元贴近度的计算,得到合乘乘客匹配出租车方案评价结果[9-14]。

利用物元理论构建有序的 m 个匹配方案的 n 维复合物元矩阵 R_{mn}:

$$R_{mn}=\begin{bmatrix} & N_1 & N_2 & \cdots & N_m \\ C_1 & x_{11} & x_{12} & \cdots & x_{1m} \\ C_2 & x_{21} & x_{22} & \cdots & x_{2m} \\ \vdots & \vdots & \vdots & & \vdots \\ C_n & x_{n1} & x_{n2} & \cdots & x_{nm} \end{bmatrix} \tag{7.9}$$

式中，C_n 表示第 n 个事物特征评价指标；x_{nm} 表示第 n 个事物第 m 个评价指标对应的模糊量值。

1）构建从优隶属度物元矩阵

隶属度是指各评价指标对应的模糊量值对于标准样本相对应指标量值的隶属程度[15]。根据从优隶属度原理对各方案中评价指标进行模糊物元的构建。令 u_{ij} 为第 i 个合乘乘客出租车匹配方案中第 j 个评价指标从属于标准样值的隶属度。

（1）正向指标隶属度计算。正向指标是指待评价的指标越大越好，即

$$u_{ij} = \frac{x_{ij} - \min x_{ij}}{\max x_{ij} - \min x_{ij}} \tag{7.10}$$

（2）逆向指标隶属度计算。逆向指标是指待评价的指标越小越好，即

$$u_{ij} = \frac{\max x_{ij} - x_{ij}}{\max x_{ij} - \min x_{ij}} \tag{7.11}$$

式（7.10）和式（7.11）中，$\max x_{ij}$ 表示合乘乘客出租车匹配方案中各项评价指标特征值的最大值；$\min x_{ij}$ 表示合乘乘客出租车匹配方案中各项评价指标特征值的最小值。

构建有序的 m 个匹配方案的 n 维模糊物元矩阵 $\bar{R}_{mn}$：

$$\bar{R}_{mn} = \begin{array}{c} \\ C_1 \\ C_2 \\ \vdots \\ C_n \end{array} \begin{bmatrix} N_1 & N_2 & \cdots & N_m \\ u_{11} & u_{12} & \cdots & u_{1m} \\ u_{21} & u_{22} & \cdots & u_{2m} \\ \vdots & \vdots & \vdots & \vdots \\ u_{n1} & u_{n2} & \cdots & u_{nm} \end{bmatrix} \tag{7.12}$$

2）构建标准差平方模糊物元矩阵

标准物元 $\tilde{R}_{mn}$ 是由从优隶属度 $\bar{R}_{mn}$ 物元的各匹配方案中的评价指标最大值或最小值构成的标准物元矩阵。将 $\tilde{R}_{mn}$ 与从优隶属度 $\bar{R}_{mn}$ 物元中的各指标相减求平方，得到差平方模糊物元矩阵 R_Δ：

$$R_\Delta = \begin{array}{c} \\ C_1 \\ C_2 \\ \vdots \\ C_n \end{array} \begin{bmatrix} N_1 & N_2 & \cdots & N_m \\ \Delta_{11} & \Delta_{12} & \cdots & \Delta_{1m} \\ \Delta_{21} & \Delta_{22} & \cdots & \Delta_{2m} \\ \vdots & \vdots & \vdots & \vdots \\ \Delta_{n1} & \Delta_{n2} & \cdots & \Delta_{nm} \end{bmatrix} \tag{7.13}$$

式中，$\Delta = u_{ij} - \min u_{ij}$ 或 $\Delta = \max u_{ij} - u_{ij}$。

3）熵权值的确定

熵权法是利用信息熵来反映信息的有序度，值越大表明无序度越小，值越小表明无序度越大。这里引入熵权法来进行指标权重的确定，避免主观因素造成的评价结果的偏差，具体算法如下。

(1) 构建 n 个匹配方案的 m 维差平方模糊物元矩阵，即

$$
R_\Delta(\Delta_{ij})_{nm} =
\begin{bmatrix}
\Delta_{11} & \Delta_{12} & \cdots & \Delta_{1m} \\
\Delta_{21} & \Delta_{22} & \cdots & \Delta_{2m} \\
\vdots & \vdots & & \vdots \\
\Delta_{n1} & \Delta_{n2} & \cdots & \Delta_{nm}
\end{bmatrix}
\tag{7.14}
$$

(2) 对 $R_\Delta(\Delta_{ij})_{nm}$ 进行归一化处理，建立矩阵 $B(b_{ij})_{nm}$：

$$
B(b_{ij})_{nm} =
\begin{bmatrix}
b_{11} & b_{12} & \cdots & b_{1m} \\
b_{21} & b_{22} & \cdots & b_{2m} \\
\vdots & \vdots & & \vdots \\
b_{n1} & b_{n2} & \cdots & b_{nm}
\end{bmatrix}
\tag{7.15}
$$

式中，$b_{ij} = \dfrac{b_{ji}}{\sum b_{ij}}$。

(3) 计算熵值：

$$
H_i = -\frac{1}{\ln n}\left(\sum_{j=1}^{m} \sum_{i=1}^{n} f_{ij} \ln f_{ij} \right)
\tag{7.16}
$$

式中，$f_{ij} = b_{ij}$。当 $f_{ij} = 0$ 时，$\ln f_{ij}$ 无意义，故令 $f_{ij} = \dfrac{1 + b_{ij}}{1 + \sum\limits_{j=1}^{m} b_{ij}}$。

(4) 计算指标权重：

$$
W_{ij} = \frac{1 - H_i}{\sum\limits_{i=1}^{n}(1 - H_i)}
\tag{7.17}
$$

式中，$0 \leqslant W_{ij} \leqslant 1$。

2. 评价等级计算

为了说明熵权模糊物元法对合乘乘客出租车匹配方案评价的有效性，这里将合乘乘客出租车匹配方案评价结果与传统物元法评价结果进行对比，发现这两种算法中待评物元指标数据的特征矩阵建立是相同的，但在评价过程中，本书所提算法采用模糊量值法进行特征值指标确定和贴近度计算，而传统物元法采用人为特征值进行指标确定和关联度计算，具体如下。

1) 贴近度计算及综合评价

贴近度指待评的物元样本与标准物元样本之间的关联性，反映待评物元之间的优劣。值越大表明两样本关联度越高，两样本越接近，值越小表明两样本关联性越少。

计算贴近度的算法很多,这里选取欧氏距离作为贴近度计算的依据,其贴近度表示为

$$\mathrm{PH}_i = 1 - \sqrt{\sum_{i=1}^{n} W_{ij} \Delta_{ij}} \qquad (7.18)$$

式中,PH_i 表示第 i 个待评样本的贴近度。

根据欧氏贴近度得模糊物元矩阵 R_{PH}:

$$R_{\mathrm{PH}} = \begin{bmatrix} & N_1 & N_2 & \cdots & N_m \\ \mathrm{PH} & \mathrm{PH}_1 & \mathrm{PH}_2 & \cdots & \mathrm{PH}_m \end{bmatrix} \qquad (7.19)$$

对出租车合乘方案进行评价,选择最优方案。

2) 关联度计算及综合评价

根据物元理论的可拓学中关于距的定义,关联函数表示物元的量值取为实轴上一点 x_i 时物元符合取值范围的程度。因此,待评合乘乘客出租车匹配评价类别 N 的各等级 j 的关联度可表示为[7-10]

$$K_j(x_i) = \begin{cases} \dfrac{p(x_i - x_{ji})}{p(x_i - x_{pi}) - p(x_i - x_{ji})}, & x_i \notin x_{ji} \\[3mm] -\dfrac{p(x_i - x_{ji})}{|x_{ji}|}, & x_i \in x_{ji} \end{cases} \qquad (7.20)$$

式中,$K_j(x_i)$ 表示第 i 项特征属于等级 j 的关联函数;$p(x_i, x_{ji})$ 表示点 x_i 到区间 $x_{ji} = (a_{ji}, b_{ji})$ 的距离,即 $p(x_i, x_{ji}) = \left| x_i - \dfrac{(a_{ji} + b_{ji})}{2} \right| - \dfrac{(b_{ji} - a_{ji})}{2}$;$p(x_i, x_{pi})$ 表示点 x_i 到区间 $x_{pi} = (a_{pi}, b_{pi})$ 的距离:

$$p(x_i, x_{pi}) = \left| x_i - \frac{(a_{pi} + b_{pi})}{2} \right| - \frac{(b_{pi} - a_{pi})}{2} \qquad (7.21)$$

式中,$|x_{ji}|$ 表示 (a_{ji}, b_{ji}) 的距离,即 $|X_{ji}| = |a_{ji} - b_{ji}|$。

计算多指标关联度 $K_j(N_j) = \sum\limits_{i=1}^{n} W_{ij} K_j(x_j)$,对于评价分类级别 N_j,$K_j(N_j)$ 值越大,表示事物属于等级 j 的关联度越高。物元评价模型结果为“优、良、中、差”,为了对隶属同等级的评价结果区分其优劣大小,验证本算法的有效性,在此计算城市出租车评价类别 N_j 下合乘方案评价隶属级别的优度值,具体如下:

$$\overline{K}_j(x_i) = \frac{K_j(x_i) - \min(K_j(x_i))}{\max(K_j(x_i)) - \min(K_j(x_i))} \qquad (7.22)$$

$$k_j^* = \frac{\sum_{j=1}^{m} j\overline{K}_j(x_i)}{\sum_{j=1}^{m} K_j(x_i)} \tag{7.23}$$

式(7.22)中,$K_j(x_i)$为指标关联度,$\overline{K}_j(x_i)$为指标关联度归一化值;式(7.23)中,k_j^*表示合乘方案评价隶属级别的优度值。从各方案评价的关联度优度值中确定最大值K^*作为评判原则,称此评判原则为最大关联度原则,即$K^* = [k_1^*, k_2^*, \cdots, k_n^*]$。

7.3 实验分析

7.3.1 实验数据

本书选取南京市城市出租车2014年9月16日的轨迹数据,假定合乘乘客9:00到达南京市湖南路地下商业街路口,作为合乘的出行点,位置坐标为(118.7742°,32.0711°)。合乘的目的地为南京市火车站南广场,位置坐标为(118.7913°,32.0879°)。

将乘客出行点作为合乘点,分别与邻近的出租车行驶点聚类中心进行距离阈值判断,得到合乘点在满足不同阈值距离范围内的出租车分布,具体如图7.4所示。

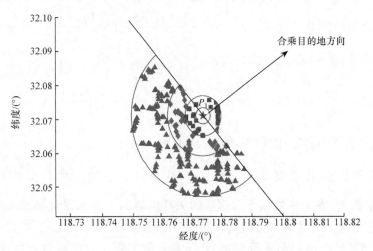

图7.4 合乘乘客出行点周边出租车点分布图

图7.4为合乘乘客出行点周边途经或具有相近出行点的出租车点分布情况。P_1表示合乘乘客的初始位置,根据合乘搜索的范围,将距离合乘出行点较近范围

内(<300m)的出租车作为匹配的对象;对于距离合乘出行点较大的区域,考虑到出租车的行驶距离、时间、行驶方向以及合乘乘客目的地方向,沿搜索区域过合乘初始点位置作垂线,所得的半圆形区域为合乘出租车搜索区域。另外,还需满足当前出租车所在位置的时间与到达合乘点的行驶时间之和,要大于合乘者在合乘点等待的时间。

从图 7.5 中可以看出,到达合乘目的地 P_2 周边的出租车明显小于图 7.4 中 P_1 周边的出租车数。以 P_2 为参考点,载客出租车与合乘者目的地相同的出租车点较少,车内乘客先于合乘者下车的出租车点相对较多,车内乘客后于合乘者下车的出租车点相对较少。

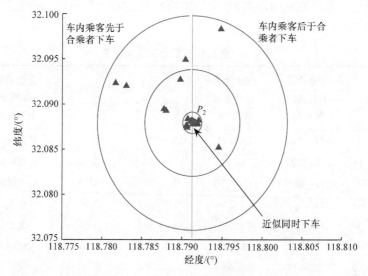

图 7.5　合乘乘客出行点和目的地附近出租编号都相同的出租车点分布图

根据图 7.4 和图 7.5 确定出现在合乘乘客出行点和目的地附近的出租车,记录相应的出租车信息,具体如表 7.1 所示。

表 7.1　合乘乘客出行点、目的地都相同的出租车信息表

车辆编号	出行点			目的地			自编号
	纬度/(°)	经度/(°)	时刻	纬度/(°)	经度/(°)	时刻	
806401926020	32.0738	118.7586	9:00:02	32.0878	118.7914	9:15:41	1
806451891314	32.0665	118.7651	9:00:09	32.0878	118.7918	9:25:37	2
806584042792	32.0771	118.7621	9:00:04	32.0882	118.7921	9:14:00	7
806584098041	32.0693	118.7620	9:00:05	32.0920	118.7830	9:33:19	10
806675189562	32.0566	118.7789	9:00:05	32.0927	118.7898	9:17:45	16
806701478286	32.0605	118.7690	9:00:33	32.0878	118.7918	9:26:37	18

车辆编号	出行点			目的地			自编号
	纬度/(°)	经度/(°)	时刻	纬度/(°)	经度/(°)	时刻	
806770785660	32.0599	118.7789	9:00:08	32.0893	118.7880	9:26:49	20
806814057009	32.0782	118.7639	9:00:19	32.0852	118.7945	9:27:40	24
806814179426	32.0523	118.7797	9:00:04	32.0878	118.7916	9:20:42	26
806851749380	32.0744	118.7717	9:00:09	32.0880	118.7913	9:18:19	30

根据表 7.1 和合乘乘客出租车匹配所考虑的因素,分别计算到达合乘出行点的距离、到达合乘目的地的距离、合乘的距离和到达合乘出行点的时间等指标,结果如表 7.2 所示。

表 7.2　合乘者匹配出租车指标表

车辆编号	到达合乘出行点的距离/m	到达合乘目的地的距离/m	合乘的距离/m	到达合乘出行点的时间/min	合乘者与车内乘客下车关系	自编号
806401926020	1314.3321	17.1075	2033.1929	3.98	近似同时	1
806451891314	841.8101	46.5990	2059.6645	2.68	近似同时	2
806584042792	1119.8895	71.8411	2098.0276	3.43	近似同时	7
806584098041	1019.5356	775.3223	2032.5622	3.14	先于	10
806675189562	1291.9207	424.6487	2032.5622	3.96	先于	16
806701478286	987.1642	43.4454	2055.2247	3.51	近似同时	18
806770785660	1032.5179	298.0086	2032.5622	3.23	先于	20
806814057009	1037.3366	357.7721	2102.7707	3.43	后于	24
806814179426	1657.5889	24.4320	2045.2087	5.04	近似同时	26
806851749380	336.4225	12.4461	2044.6172	1.16	近似同时	30

7.3.2　实验参数

从表 7.2 中可以看出,满足出行点和目的地距离约束条件的出租车共有 10 辆,对这些出租车点所包含的四项指标根据熵权模糊物元法,建立合乘乘客匹配出租车物元矩阵 $R_{10 \times 4}$,并进行计算,其结果为

$$R_{10 \times 4} = \begin{bmatrix} 1314.33 & 17.110 & 2033.19 & 3.98 \\ 841.810 & 46.600 & 2059.66 & 2.68 \\ 1119.89 & 71.840 & 2098.03 & 3.43 \\ 1019.54 & 775.32 & 2032.56 & 3.14 \\ 1291.92 & 424.65 & 2032.56 & 3.96 \\ 987.160 & 43.450 & 2055.22 & 3.51 \\ 1032.52 & 298.01 & 2032.56 & 3.23 \\ 1037.34 & 357.77 & 2102.77 & 3.43 \\ 1657.59 & 24.430 & 2045.21 & 5.04 \\ 336.420 & 12.450 & 2044.62 & 1.16 \end{bmatrix} \tag{7.24}$$

根据矩阵 $R_{10 \times 4}$ 按照正向与逆向指标隶属度原理,对到达合乘出行点的距离、到达合乘出行点的时间、到达合乘目的地的距离按逆向指标隶属度原理进行计算,对合乘距离按正向指标隶属度原理进行计算,构建从优隶属度物元矩阵 $\overline{R}_{10 \times 4}$:

$$\overline{R}_{10 \times 4} = \begin{bmatrix} 0.2598 & 0.9939 & 0.0090 & 0.2740 \\ 0.6175 & 0.9552 & 0.3860 & 0.6093 \\ 0.4070 & 0.9221 & 0.9324 & 0.4157 \\ 0.4829 & 0.0000 & 0.0000 & 0.4890 \\ 0.2768 & 0.4597 & 0.0000 & 0.2784 \\ 0.5074 & 0.9594 & 0.3228 & 0.3938 \\ 0.4731 & 0.6257 & 0.0000 & 0.4661 \\ 0.4695 & 0.5473 & 1.0000 & 0.4151 \\ 0.0000 & 0.9843 & 0.1801 & 0.0000 \\ 1.0000 & 1.0000 & 0.1717 & 1.0000 \end{bmatrix} \tag{7.25}$$

建立标准物元矩阵 $\widetilde{R}_{10 \times 4}$,将其与从优隶属度物元矩阵 $\overline{R}_{10 \times 4}$ 相减求平方,得到差平方模糊物元矩阵 R_{Δ}:

$$R_{\Delta} = \begin{bmatrix} 0.7402 & 0.0061 & 0.9910 & 0.7260 \\ 0.3825 & 0.0448 & 0.6140 & 0.3907 \\ 0.5930 & 0.0779 & 0.0676 & 0.5843 \\ 0.5171 & 1.0000 & 1.0000 & 0.5110 \\ 0.7232 & 0.5403 & 1.0000 & 0.7216 \\ 0.4926 & 0.0406 & 0.6772 & 0.6062 \\ 0.5269 & 0.3743 & 1.0000 & 0.5339 \\ 0.5305 & 0.4527 & 0.0000 & 0.5849 \\ 1.0000 & 0.0157 & 0.8199 & 1.0000 \\ 0.0000 & 0.0000 & 0.8283 & 0.0000 \end{bmatrix} \tag{7.26}$$

利用熵权法计算各评价指标的熵值,具体结果为

$$H_i = [0.9379 \quad 0.6832 \quad 0.9116 \quad 0.9403] \tag{7.27}$$

根据各指标的熵值计算指标的权重为

$$W_{ij} = [0.1179 \quad 0.6011 \quad 0.1678 \quad 0.1133] \tag{7.28}$$

利用贴近度计算原理,计算合乘乘客出租车匹配方案的综合评价值:

$$PH = [0.4232 \quad 0.5472 \quad 0.4879 \quad 0.0922 \quad 0.2026$$
$$0.4854 \quad 0.3137 \quad 0.3209 \quad 0.3490 \quad 0.7693] \tag{7.29}$$

利用传统物元法对上述合乘乘客出租车匹配方案进行评价,建立匹配出租车合乘物元性能评价指标等级表,评价指标分为四种级别即优、良、中、差,且每种指标都有所对应的取值范围,如表 7.3 所示。

表 7.3　合乘乘客匹配出租车特征值范围及等级

评价指标	代码	优	良	中	差
到达合乘出行点的距离	c_1	0~400	400~1000	1000~1200	1500~1700
到达合乘目的地的距离	c_2	0~30	30~40	40~400	400~900
合乘的距离	c_3	2110~2060	2060~2050	2050~2040	2040~2030
到达合乘出行点的时间	c_4	0~2	2~3.5	3.5~4	4~6

由可匹配出租车合乘物元的评价指标等级和熵权法原理,计算各指标的权重,具体如表 7.4 所示。

表 7.4　合乘出租车物元法评价指标权重

指标	c_1	c_2	c_3	c_4
权重	0.1887	0.3095	0.3108	0.1910

根据物元法关联度模型,计算匹配出租车合乘评价级别偏向特征值,如表 7.5 所示。从表中可以看到每辆出租车匹配方案的等级,评价等级由每辆出租车在优、良、中、差指标值中的最大值确定。

表 7.5　合乘乘客出租车匹配方案评价指标隶属度等级

编号	优	良	中	差	级别
1	−0.2366	−0.3332	−0.4549	−0.1119	差
2	−0.1288	−0.1919	−0.1381	−0.1038	差
7	−0.0289	−0.2183	−0.4408	−0.1020	优
10	−0.1020	−0.4824	−0.4932	−0.0952	差

续表

编号	优	良	中	差	级别
16	−0.2220	−0.1702	−0.4932	−0.1006	差
18	−0.1293	−0.1855	−0.0790	−0.0950	中
20	−0.0849	−0.1079	−0.4932	−0.0986	优
24	−0.0785	−0.1390	−0.5084	−0.1020	优
26	−0.2954	−0.2992	−0.0235	−0.3210	中
30	−0.3127	−0.3887	−0.3452	−0.3183	优

7.3.3　实验结果分析

这里利用熵权模糊物元算法和传统物元算法，分别对合乘乘客出租车匹配方案进行方案评价计算。通过算例计算，对比结果如表 7.6 所示。

表 7.6　合乘乘客出租车匹配方案两种算法评价结果对比

熵权模糊物元评价法			物元评价法		
编号	评价值	评价排序	编号	评价值	评价排序
30	0.6272	1	7	2.617051	1
7	0.5593	2	30	2.597679	2
2	0.5317	3	24	2.589527	3
18	0.4855	4	20	2.575536	4
1	0.4174	5	26	2.394401	5
26	0.3851	6	18	2.352766	6
24	0.3669	7	18	2.326531	7
20	0.2821	8	10	2.274318	8
16	0.1879	9	16	2.230654	9
10	0.0578	10	1	2.005627	10

图 7.6 为合乘乘客出行点和目的地出租车分布示意图。从图中可以看到，在两种算法评价中，前三个最优方案中有两个方案是一致的，即 2 号和 7 号车匹配方案。在较差的后三个方案中也有两个方案是一致的，即 1 号和 16 号车匹配方案。中间方案的评价结果基本相似。说明本章提出的合乘乘客出租车匹配方案评价算法是可行的，可以应用于合乘乘客出租车匹配方案的评价中。

但也应该看到，在两种算法的评价结果中，匹配方案评价的部分次序不同，这缘于传统物元法需要根据匹配方案评价指标特征值进行评价指标等级的区间划分，待评物元的关联度等级计算依赖于指标实测值与各区间范围的划分。若指标

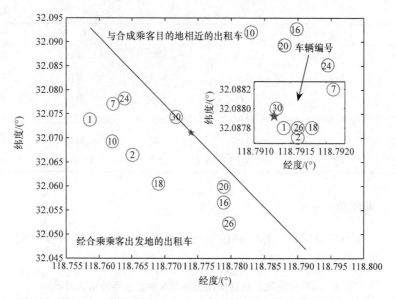

图 7.6　合乘乘客出行点和目的地出租车分布示意图

区间划分过大,则关联度评价等级出现"优"的情况将减少;若指标区间划分过小,则评价等级出现"优"的情况将增加。总之,传统物元法评价指标特征值划分的不同,评价的结果也会不同,评价结果不具有唯一性。本章提出的熵权模糊物元法避免了指标区间的划分,利用模糊隶属度来确定待评物元的指标,结合熵权法确定指标权重,在一定程度上避免了人为因素的干扰,评价结果更为客观。

　　因此,本章提出的基于熵权模糊物元法的合乘乘客出租车匹配算法能更好地实现城市出租车合乘,为后面城市出租车合乘路径的规划提供更好的依据和基础。

7.4　本 章 小 结

　　本章利用距离阈值对合乘乘客出行点附近的出租车各聚类中心所包含的出租车点进行搜索,并将搜索结果与合乘乘客目的地进行距离阈值判定,确定合乘乘客出行点附近的出租车匹配方案。利用物元法理论构建合乘乘客出租车匹配方案物元评价指标,利用熵权模糊物元法确定各方案的评价结果。通过与传统物元法进行比较分析,可知本章提出的评价算法能够更客观地实现对合乘乘客匹配出租车方案的评价,为合乘路径的规划奠定基础。

参 考 文 献

[1] 邵增珍,王洪国,宋超超,等. 多车辆合乘问题的两阶段聚类启发式优化算法[J]. 计算机研究与发展,2013,50(11):2325-2335.

[2] Neoh J G,Chipulu M,Marshall A. What encourages people to carpool? An evaluation of factors with meta-analysis[J]. Transportation,2015,42(5):1-25.

[3] 张兵,邓卫. 基于信息熵理论的公路网物元评价方法[J]. 公路交通科技,2009,26(10): 117-125.

[4] 陈继红,万征,何新华,等. 基于模糊物元的交通事故致因因素分析与应用[J]. 系统科学学报, 2015,23(2):37-40.

[5] 胡启洲,陆化普,蔚欣欣,等. 基于关联熵与复合物元的公交系统综合测度模型[J]. 系统工程理论与实践,2011,31(1):186-192.

[6] 郭延永,刘攀,吴瑶. 基于物元可拓学的单线轨道交通服务水平评价[J]. 武汉理工大学学报,2014,36(8):69-75.

[7] Hu Q,Zhou Z,Sun X. A study on urban road traffic safety based on matter element analysis[J]. Computational Intelligence and Neuroscience,2014,2014(4):458-483.

[8] Pan G B,Xu Y P,Yu Z H,et al. Analysis of river health variation under the background of urbanization based on entropy weight and matter-element model:A case study in Huzhou city in the Yangtze River Delta,China[J]. Environmental Research,2015,139:31-35.

[9] Deng X J,Xu Y P,Han L F,et al. Assessment of river health based on an improved entropy-based fuzzy matter-element model in the Taihu Plain,China[J]. Ecological Indicators,2015, 57:85-95.

[10] Ni J,Liu Z Q,Wang P. Comprehensive evaluation of advanced public transportation system based on the matter element and combination weight[J]. Applied Mechanics & Materials, 2014,694:26-29

[11] 付立家,谢世平,樊朝黎. 模糊物元模型在公路隧道运营安全性评价中的应用[J]. 公路交通技术,2015,(2):122-126.

[12] 张先起,梁川. 基于熵权的模糊物元模型在水质综合评价中的应用[J]. 水利学报,2005, 36(9):1057-1061.

[13] 冯树民,孙祥龙,李俊香. 基于熵权模糊物元的高速公路投资绩效评价研究[J]. 武汉理工大学学报(交通科学与工程版),2015,39(5):925-928.

[14] 胡玉洲. 基于模糊物元分析法的多指标面板数据综合评价[J]. 统计与决策,2016,(14): 32-35.

[15] Xiao Q, He R C, Yu J N. Evaluation of taxi carpooling feasibility in different urban areas through the K-means matter-element analysis method[J]. Technology in Society, 2018, 53 (5):135-143.

第 8 章　城市出租车合乘路径规划模型及算法

城市出租车合乘中的路径规划是指对已匹配的载客出租车合乘对象进行路径规划的过程,实现合乘过程中合乘乘客和车内乘客出行时间最短、费用最低以及出租车司机收益最大化。对合乘出租车匹配方案的路径规划过程为:对城市交通道路网进行矢量化,建立城市道路矢量电子地图拓扑结构,引入动态路权函数,构建道路路段节点权重表,并结合 A* 算法,提出基于节点区域限制和改进 A* 算法的路径规划模型,实现合乘乘客、出租车乘客和出租车司机合乘后的路径规划。通过预估合乘乘客和出租车原有乘客出行的费用以及出租车司机收益,为合乘者、车内乘客和出租车司机选择合乘提供参考。

8.1　出租车合乘路径规划数学模型的构建

8.1.1　出租车合乘路径规划问题描述

出租车合乘中路径的规划,需要针对合乘者出行点位置、合乘者目的地位置、载客出租车当前位置、载客出租车行驶目的地位置、城市道路网和动态道路通行状况进行分析。根据城市交通道路网电子地图的矢量化拓扑结构[1-3],利用动态路阻函数实现对道路路权值的实时动态分析,建立城市出租车合乘路径规划模型。

8.1.2　出租车合乘路径规划问题建模

结合实际道路对城市交通道路网进行网络拓扑化,建立基于城市道路节点、道路长度和道路类型的城市交通道路网数据库。

1. 城市道路节点

城市道路节点是指城市道路间的交叉点和连接点,是道路之间衔接部位或道路间的交接处,它是路径规划中确定合乘出租车路线的关键点。为了更好地识别道路的交叉点,进行如图 8.1 所示的定义。

图 8.1(a)表示道路中的拐点,记为 0,其编号为 $0i(i=1,2,\cdots,n)$。

图 8.1(b)表示道路中的三叉形路口,记为 1,其编号为 $1i(i=1,2,\cdots,m)$。

图 8.1(c)表示道路中的 T 字形路口,记为 2,其编号为 $2i(i=1,2,\cdots,p)$。

图 8.1(d)表示道路中的十字形路口,记为 3,其编号为 $3i(i=1,2,\cdots,q)$。

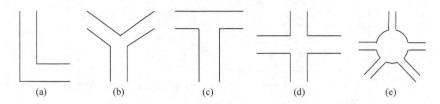

(a)　　　　(b)　　　　(c)　　　　(d)　　　　(e)

图 8.1　城市道路中的节点图

图 8.1(e)表示道路中的环形路口,记为 4,其编号为 $4i(i=1,2,\cdots,f)$。

其他类型道路节点类型,记为 5,其编号为 $5i(i=1,2,\cdots,g)$。

根据本章定义的类型,对城市交通道路网中的节点按照从左至右、从上到下的顺序进行编号。

2. 城市道路

城市道路是指提供车辆和行人等通行的工程设施,根据城市道路的等级可分为快速路、主干路、次干路和支路四级[4],如表 8.1 所示。

表 8.1　城市道路等级设置表

级别	设计车速/km	单向机动车数/辆	机动车宽度/m	道路总宽/m
快速路	60~80	≥4	3.75	40~70
主干路	40~60	≥4	3.5	30~60
次干路	30~40	≥2	3.5	20~40
支路	30	≥2	3.5	16~30

定义 k 表示快速路,z 表示主干路,c 表示次干路,d 表示支路,定义 111 表示双向行驶道路,001 表示从左向右单向行驶道路,010 表示从右向左单向行驶道路,010 表示从上到下单向行驶道路,011 表示从下到上单向行驶道路。根据道路节点的定义,定义道路路段的数据集:

$$G=\{x_1y_1z_1,x_2y_2z_2,\cdots,x_ny_nz_n\} \tag{8.1}$$

式中,G 表示道路路段的数据集;x_n 表示道路的等级类型;y_n 表示道路的节点类型;z_n 表示道路行驶方向。

3. 城市道路节点间路段长度

对于城市道路节点间路段长度,利用 Mapinfo 软件中的图层法实现采集的 GPS 数据到城市道路节点间路段图层的映射,并将图层数据存储到数据库中[5,6],具体如图 8.2 所示。

从图 8.2 中可以看出,图层 1 中的节点 a 和 b、b 和 c、b 和 d、c 和 d、d 和 e 之间

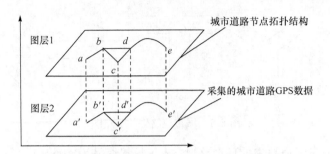

图 8.2 城市道路节点间点距离与 GPS 分层图

的距离可以通过图层 2 中的 GPS 数据与之对应,城市道路节点间的距离可采用以下算法进行计算。

1) 对于节点间线段距离的计算

定义 ab 道路节点对应的 GPS 坐标为 $a'(a'l_g,a'l_a)$,$b'(b'l_g,b'l_a)$,l_g 为经度坐标,l_a 为纬度坐标,根据 GPS 坐标距离计算公式可得两坐标节点间的距离为

$$L_{ab}=R\times\arccos(\sin(a'l_g)\cdot\sin(b'l_g)+\cos(a'l_a)\cdot\cos(b'l_a)\cdot\cos(b'l_g)$$
$$\cdot\cos(a'l_g-b'l_g))\times\pi/180$$

同理可以确定道路线段节点间距离 L_{bc}、L_{bd}、L_{cd}。

2) 对于曲线或不规则节点间距离的计算

对于 de 曲线间的计算,如图 8.3 所示进行计算。

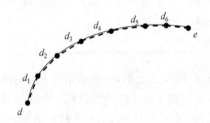

图 8.3 曲线道路节点间计算示意图

由图 8.3 可知,将曲线节点路段 de 按照分割的思想,分割成多条线段,可以根据节点间线段进行距离计算,并根据式(8.2)进行道路距离的计算:

$$L_{de}=L_{dd_1}+\sum_{i=2}^{5}L_{dd_i}+L_{d6e} \tag{8.2}$$

式中,L_{de} 表示曲线路径的长度;L_{dd_1} 表示节点始端到第一个分割点的距离;$\sum_{i=2}^{5}L_{dd_i}$ 表示分割的多条线段的距离之和;L_{d6e} 表示最后一个分割点到曲线节点末端的距离。

4. 城市道路动态路径规划影响因素分析

城市道路路径的动态规划主要受以下因素的影响。

(1) 路段的长度。城市中道路节点间的路段长度决定车辆的行驶时间,节点间道路的长度越长,车辆的行驶时间越长;节点间道路的长度越短,车辆的行驶时间越短。

(2) 车辆的速度。在城市道路节点间的路段中,车辆的速度越快,通过节点间路段的时间越短;车辆速度越慢,通过节点间路段的时间越长。车辆的速度与路段中车辆密度、行驶的时间、天气和交通事故等因素相关,例如,在雨天和雪天车辆的速度相对较低,路段行驶时间会延长;在上下班的高峰时段,车辆速度低,行驶时间也会加长。另外,交通事故也会影响车辆的速度,因此车辆的速度决定了路段的通行时间。

(3) 道路的等级。城市道路可分为快速路、主干路、次干路和支路四种等级,道路的等级不同,道路的路面宽度就不同,行车速度也不相同。一般情况下,道路等级高的通行速度快,车辆在路段内行驶的时间也越短。

(4) 交叉口的等待时间。为避免出现车辆拥堵的现象,城市道路的交叉口都设有红绿灯,红绿灯的变更时间决定了路段中车辆的行驶时间,尤其对于城市的中心段段,道路的交叉口多,车辆排队等候时间较长,在城市道路合乘路径规划中应注意红绿灯的影响。

(5) 其他因素。除上述因素外,道路的施工、临时性的交通管制、重大自然灾害的发生等都会对车辆在道路中的行驶速度产生影响。由于这些因素的不确定性,无法进行量化处理,本节在建立加权路阻函数模型时不考虑这些因素的影响。

5. 道路路权模型

城市道路路径的规划主要受节点间道路的长度、节点道路中车辆的速度、道路的等级和道路中红绿灯的影响,建立道路路权模型:

$$W_{ij} = \alpha L_{ij} + \beta V_{ij} + \gamma G_{ij} + \eta T_{ij} \tag{8.3}$$

式中,W_{ij} 表示道路中节点间路段的路权值;L_{ij} 表示节点 i 和 j 间的路段长度;V_{ij} 表示节点 i 和 j 间路段中车辆的平均速度;G_{ij} 表示节点 i 和 j 间路段的等级;T_{ij} 表示节点 i 和 j 间路段红绿灯的平均等待时间;参数 α、β、γ、η 表示不同影响因素的指标权重。

定义 W_{ij} 越小,表明该路段车辆通过性越好;W_{ij} 越大,表明该路段车辆通过性越差。因此在对合乘中的出租车进行重新路径规划时,不再以路程或时间作为基本的路径规划指标,而是将城市实时获得的动态道路交通信息,经路权函数计算后,将其路权值作为路径规划指标,实现城市出租车合乘后的路径再规划。

6. 道路路权指标权重的确定

在目前的指标权重确定方法中,主要包括主观赋权法、客观赋权法和组合赋权法。城市交通路段指标权重的确定是一个复杂的系统工程,容易受到环境、政策和经验等主观因素的影响,加之人类思维本身存在的模糊性和不确定性,采用上述的指标权重确定方法,指标权重难以被量化。因此,本章采用熵权法理论进行指标权重的确定,避免在指标权重确定中主观因素的影响。

熵权法是从系统内部的构成因素以及内部存在的关联性分析,求得每个指标的权重值。若指标的信息熵越小,表明指标值的变异程度越大,提供的信息量越多,其权重也越大;相反信息熵权值越大,表明指标值的变异程度越小,提供的信息量越少,具体权重也越小。利用指标值的变异程度可以计算指标权重,具体计算过程如下。

1) 数据标准化

将各数据进行标准化处理,定义道路路段 4 个指标,即 X_1 表示路段长度,X_2 表示路段中车辆的平均速度,X_3 表示道路等级,X_4 表示道路交叉口红绿灯等待时间。其中,$X_1 = \{l_{11}, l_{12}, \cdots, l_{nm}\}$,$X_2 = \{v_{11}, v_{12}, \cdots, v_{nm}\}$,$X_3 = \{g_{11}, g_{12}, \cdots, g_{nm}\}$,$X_4 = \{t_{11}, t_{12}, \cdots, t_{nm}\}$,建立道路权重指标矩阵 R_{ij}:

$$R_{ij} = \begin{bmatrix} l_{11} & v_{11} & g_{11} & t_{11} \\ l_{12} & v_{12} & g_{12} & t_{12} \\ \vdots & \vdots & \vdots & \vdots \\ l_{nm} & v_{nm} & g_{nm} & t_{nm} \end{bmatrix} = \begin{bmatrix} x_{11} & x_{21} & x_{31} & x_{41} \\ x_{12} & x_{22} & x_{32} & x_{42} \\ \vdots & \vdots & \vdots & \vdots \\ x_{1m} & x_{2m} & x_{3m} & x_{4m} \end{bmatrix} \tag{8.4}$$

对各指标进行标准化处理后,道路路权指标权重矩阵 $\widetilde{R}_{ij}$ 为

$$\widetilde{R}_{ij} = \begin{bmatrix} y_{11} & y_{21} & y_{31} & y_{41} \\ y_{12} & y_{22} & y_{32} & y_{42} \\ \vdots & \vdots & \vdots & \vdots \\ y_{1m} & y_{2m} & y_{3m} & y_{4m} \end{bmatrix} \tag{8.5}$$

式中,$y_{ij} = \dfrac{\max x_{ij} - x_{ij}}{\max x_{ij} - \min x_{ij}}$,$1 \leqslant i \leqslant 4$,$1 \leqslant j \leqslant m$。

2) 求指标的熵权值

根据信息论中熵权值的定义,各指标熵权值为

$$E_i = \frac{\sum\limits_{j=1}^{m} p_{ij} \ln p_{ij}}{-\ln n} \tag{8.6}$$

式中,$p_{ij} = \dfrac{y_{ij}}{\sum\limits_{j=1}^{m} y_{ij}}$,当 $p_{ij} = 0$ 时,$\ln p_{ij}$ 无意义,故令 $p_{ij} \ln p_{ij} = 0$。

3) 确定各指标权重系数

由信息熵公式计算的各指标信息熵为 E_1、E_2、E_3、E_4，则各指标权重系数由式 (8.7)计算：

$$f_i = \frac{1-E_i}{4-\sum\limits_{i=1}^{4}E_i}, \quad i=1,2,3,4 \tag{8.7}$$

令道路参数 $\alpha=f_1$，$\beta=f_2$，$\gamma=f_3$，$\eta=f_4$，计算城市道路路权值：

$$W_{ij} = f_1L_{ij} + f_2V_{ij} + f_3G_{ij} + f_4T_{ij} \tag{8.8}$$

8.1.3　出租车合乘路径规划模型

为避免道路中的节点多而导致算法复杂度增加，使路径规划耗时过长，从而影响路径规划的实时性，本节提出基于区域限制的合乘路径节点范围算法，实现出租车合乘路径线路实时的快速规划。

1. 基于区域限制的合乘路径节点范围建模

针对目前道路导航模型采用的 Dijkstra 算法和 A* 算法中搜索范围大且计算时间长等缺点，采用区域限制算法，改进路段节点搜索范围，减少最优路径的计算时间[6,7]。

设出租车的当前位置为 $T_1(x_1,y_1)$，目的地位置为 $T_2(x_2,y_2)$，设合乘乘客的当前位置为 $P_1(x_1,y_1)$，目的地位置为 $P_2(x_2,y_2)$。根据合乘乘客与出租车目的地位置的远近分以下两种情况进行分析。

1) $P_2(x_2,y_2) \leqslant T_2(x_2,y_2)$

当合乘乘客目的地位置位于出租车目的地位置的前端或附近时，以出租车当前的位置 $T_1(x_1,y_1)$ 和出租车目的地位置 $T_2(x_2,y_2)$ 为始终点进行连接，其连接方向为出租车最短路径的大致走向，即最优路径位于 T_1T_2 连线的两侧。以 T_1、T_2 为椭圆的焦点，建立椭圆：

$$\frac{[\cos\theta(x-a)+\sin\theta(y-b)]^2}{A^2} + \frac{[-\sin\theta(x-a)+\cos\theta(y-b)]^2}{B^2} = 1 \tag{8.9}$$

式中，a、b 表示椭圆中的中心坐标，$a=\dfrac{x_1+x_2}{2}$，$b=\dfrac{y_1+y_2}{2}$；$\theta=\arctan\left(\dfrac{y_2-y_1}{x_2-x_1}\right)$，$\theta\in\left(-\dfrac{\pi}{2},\dfrac{\pi}{2}\right]$；$A$、$B$ 为椭圆长轴和短半轴：

$$A = \frac{\tau}{2}\sqrt{(y_2-y_1)^2+(x_2-x_1)^2}$$
$$B = \sqrt{A^2 - \frac{(y_2-y_1)^2+(x_2-x_1)^2}{4}} \tag{8.10}$$

式中，$\tau=\dfrac{L}{M}$ 表示比例因子；L 表示出租车始终点间的直线距离；M 表示极限距离的比值。τ 取 1.939，表示在限制群域内找不到全局最短路径的可能性小于 $5\%^{[7]}$。

将得到的椭圆方程分别对 x、y 求偏导，得到 x、y 的极限值：

$$x_m=a\pm\sqrt{A^2\cos^2\theta+B^2\sin^2\theta}$$
$$y_m=b\pm\sqrt{A^2\cos^2\theta+B^2\sin^2\theta}$$

(8.11)

由 x、y 的极限值，得到极值点坐标 $(x_{\min},y_{\min})$、$(x_{\min},y_{\max})$、$(x_{\max},y_{\min})$、$(x_{\max},y_{\max})$，连接四个极限点坐标得到矩形，该矩形为区域限制搜索的节点范围，如图 8.4 所示。

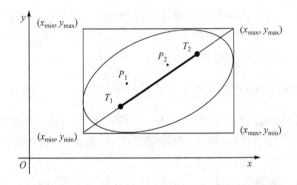

图 8.4　基于 $P_2\leqslant T_2$ 区域限制的节点范围示意图

2）$P_2(x_2,y_2)>T_2(x_2,y_2)$

当合乘乘客的出行目的地位置位于出租车行驶目的地位置的后端时，根据 8.1.2 节中的算法建立以 $T_1(x_1,y_1)$ 和 $P_2(x_2,y_2)$ 为始终点连线的椭圆，并求解椭圆的极值，确定极值点坐标，即 $(x'_{\min},y'_{\min})$、$(x'_{\min},y'_{\max})$、$(x'_{\max},y_{\min})$、$(x'_{\max},y'_{\max})$，连接极值坐标点得到如图 8.5 所示的矩形，从而确定区域限制内的节点搜索范围。

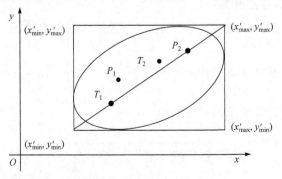

图 8.5　基于 $P_2>T_2$ 区域限制的节点范围示意图

2. 路径规划建模

根据区域限制的范围,确定满足限制范围内可选的道路节点集合 NG:

$$\text{NG} = \begin{cases} G_{ij}, & x_{\min} \leqslant G_{ij}(x_{ij}) \leqslant x_{\max}, y_{\min} G_{ij}(y_{ij}) \leqslant y_{\max} \\ 0, & \text{其他} \end{cases} \tag{8.12}$$

根据道路节点集合数据集 NG 确定的权值 $W_{ij}(i,j \in \text{NG})$,若满足式(8.13)～式(8.15),确定出租车合乘路径的规划节点集合 NY,具体如式(8.13)～式(8.15)所示:

$$\text{ng}_i = \sum_{i,j} W_{ij}, i = n_{p1}, j = n_{p2} \text{ 或 } i = n_{p1}, j = n_{t2} \tag{8.13}$$

$$\text{NGT} = \{\text{ng}_1, \text{ng}_2, \cdots, \text{ng}_m\} \tag{8.14}$$

$$\text{NY} = \min(\text{ng}_i), \quad i \in \text{NGT} \tag{8.15}$$

式(8.13)中,ng_i 表示可行路径所包括的路段权值之和,且可行路段包括两种情况,当 $P_2(x_2, y_2) \leqslant T_2(x_2, y_2)$ 时,路径规划的路段要经过 P_1、P_2 两点;当 $P_2(x_2, y_2) > T_2(x_2, y_2)$ 时,路径规划的路段要经过 P_1、T_2 两点。式(8.14)表示经过合乘点到达目的地的所有可行路径集合。式(8.15)表示确定的合乘最优路径路段,即所有可行的路径中路段的权值最小。

8.2　出租车合乘路径规划问题数学模型的算法

8.2.1　出租车合乘路径规划问题算法思路

为了在限制的区域内找出最优合乘路径规划路线,本节提出了一种改进 A* 算法,首先在区域限制内找到所有的可行解,然后利用道路权重函数对其可行解进行判断,找出最优解实现对模型的求解。具体算法思路如图 8.6 所示。

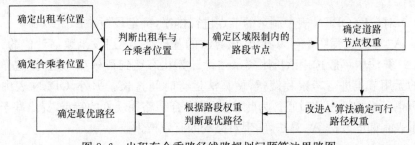

图 8.6　出租车合乘路径线路规划问题算法思路图

8.2.2　基于节点区域限制和改进 A* 算法的城市出租车合乘路径规划模型

人工智能算法,如蚁群算法、粒子群算法和遗传算法等,都被应用于出租车合乘路径规划算法中,但由于人工智能算法具有计算量大、易于陷入局部最优和运算复杂度高等缺点,虽然理论上可以实现出租车与合乘乘客的合乘匹配和路径规划,但在实际的道路合乘导航应用中,实现比较复杂。目前大多路径导航软件(如百度地图、谷歌地图和 Uber)都采用 Dijkastra 算法、Floyd 算法和 A* 算法等作为其路径导航算法,主要缘于这些算法有很强的搜索能力,适合在离散道路拓扑结构中确定可行或最优路径[8-11]。鉴于 Dijkastra 算法、Floyd 算法对于网络节点多的网络拓扑结构的计算量大、复杂度高和运行时间长等缺点,本节选择 A* 算法进行出租车合乘路径规划问题的求解。

1. A* 算法

A* 算法是静态路网中快速搜索最短路径的一种方法,它属于启发式算法中的一种,它的核心思想是通过 A* 启发函数 $f(n)=g(n)+h(n)$ 的估计判断,求解最短路径。其中,$f(n)$ 表示从初始状态经由状态 n 到目标状态的估计代价,$g(n)$ 表示状态空间中从初始状态到状态 n 的实际代价,$h(n)$ 表示从状态 n 到目标状态的最佳路径的估计代价,其算法流程如图 8.7 所示。

(1) 建立 OPEN 表,将起点 S 存入 OPEN 表中。

(2) 建立 CLOSE 表,初始为空。

(3) 判断 OPEN 表是否为空,为空则退出,不为空则选取 OPEN 表中的节点删除并存入 CLOSE 表中。判断选取的节点是否为目标点,是则退出转步骤(5),否则选取该节点后继所有邻近节点集 V,并计算 $g(v)$。

(4) 判断此节点是否在 OPEN 表中,若在则更新节点 v 中的 $g(v)$,并作为新的父节点;若不在,则判断此节点是否在 CLOSE 表中,若不在则将节点集 V 放入 OPEN 表中,并计算该节点的估计值,返回步骤(3),若在 CLOSE 表则更新节点 v 中的 $g(v)$,并从 CLOSE 表中移除添加到 OPEN 表中,重新扩展后继邻近节点,返回步骤(3)。

(5) 对最后 OPEN 表中剩余的节点进行排序,确定最短路径。

从 A* 算法流程图中可以看出,该算法的基础是 A* 启发函数估计值的计算,但是,A* 算法中一般选用欧氏距离来估计计算状态点到目标点的距离,这样会对大量的无用节点进行考察和搜索,使算法运行时间过长。另外,OPEN 表中的反复遍历也会增加搜索的时间。为此,这里结合合乘路径规划的特点,提出基于节点间权重表查询的改进 A* 算法,实现对路径的有效搜索。

2. 基于节点间权重矩阵的改进 A* 算法

为了避免搜索过程中 A* 启发函数对节点的计算和重复遍历,这里提出一种基于路段节点间权重表查询的 A* 算法,也就是对 A* 启发函数的评价估值利用查

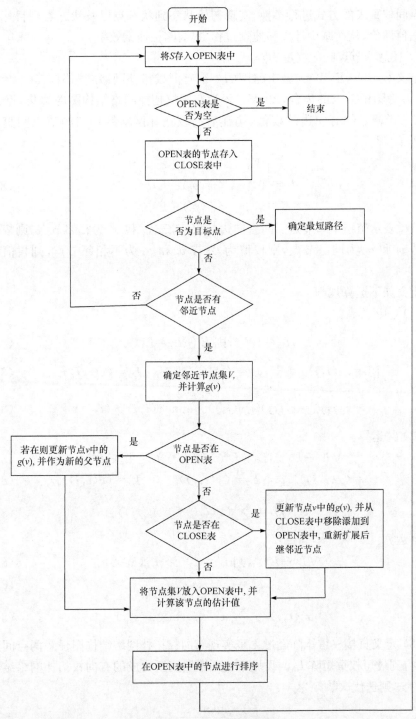

图 8.7　A* 算法流程图

询节点间权重表的方式进行替换,实现初始状态到状态点以及状态点到目标点的权重估值评价,从而减少计算和搜索过程,提高路径搜索效率。

1) 任意两节点间的权重矩阵

定义 $G=(V,E,W)$ 为城市路网的一个有向权拓扑网络结构图,其中 $V=\{1,2,\cdots,n\}$ 为图中节点的集合,$E\subseteq V\times V$ 为有向权拓扑网络结构图的边集,W 表示节点 i 和节点 j 间有向边的权值,构建有向权拓扑网络结构图的节点间直接权值矩阵 $L^{[12-15]}$:

$$L=\begin{cases} W_{ij}, & (v_i,v_j)\in E, i\neq j \\ 0, & (v_i,v_j)\in E, i=j \\ \infty, & (v_i,v_j)\notin E \end{cases} \tag{8.16}$$

式中,W_{ij} 表示节点 i 和节点 j 间有向边的权值,若 v_i 和 v_j 为相邻节点,则权值为 W_{ij};若 v_i 和 v_j 为同一节点,则权值为 0;若 v_i 和 v_j 为不相邻节点,则权值为无限大。

定义如下运算规则。

(1) $\oplus$ 运算:

$$\forall L_1, L_2\in L^{n\times m},\text{则} L_1\oplus L_2=L_3\in L^{n\times m} \tag{8.17}$$

$$L_1=(x(i,j))_{n\times m}, \quad L_2=(y(i,j))_{n\times m}, \quad L_3=(z(i,j))_{n\times m} \tag{8.18}$$

$$z(i,j)=x(i,j)\oplus y(i,j)\overset{\text{def}}{=}\min(x(i,j),y(i,j)) \tag{8.19}$$

(2) $\otimes$ 运算:

$$\forall L_1\in L^{n\times m}, L_2\in L^{m\times s},\text{则} L_1\otimes L_2=L_3\in L^{n\times s} \tag{8.20}$$

$$L_1=(x(i,j))_{n\times m}, \quad L_2=(y(i,j))_{m\times s}, \quad L_3=(z(i,j))_{n\times s} \tag{8.21}$$

$$z(i,j)=\sum_{k=1}^{m}(x(i,k)\otimes y(k,j)) \tag{8.22}$$

幂运算:

$$\forall L_1\in L^{n\times n},\text{则} L_1^k=L_1^{K-1}\otimes L_1(k\geqslant 2) \tag{8.23}$$

$$L_1^k=(x^k(i,j))_{n\times n} \tag{8.24}$$

$$x^k(i,j)=\sum_{s=1}^{m}x^{k-1}(i,s)\otimes x(s,j) \tag{8.25}$$

(3) 定义直接权重矩阵经过 k 步实现有向权拓扑网络结构图任意两点间权重最小,得到最短权重矩阵 L_k。设城市交通道路网所构成的有向权拓扑网络结构图点数为 n,则迭代次数 k 为

$$k-1<\frac{\lg(n-1)}{\lg 2}\leqslant k \tag{8.26}$$

（4）定义任意两节点权重矩阵 L_k：

$$L_k = L \oplus L^2 \oplus L^3 \oplus \cdots \oplus L^n \tag{8.27}$$

计算所得的 L_k 为有向权拓扑网络结构图任意两节点间的最短权重矩阵，将其存入数据库，作为改进 A* 算法中启发函数评估计算时直接查询调用的结果。

2）改进 A* 算法的流程

基于节点区域限制和改进 A* 算法，将 A* 算法中 A* 启发函数估计值利用路段节点间权重矩阵表查询的结果进行替代，节省 A* 算法的搜索时间，提高路径效率，具体步骤如图 8.8 所示。

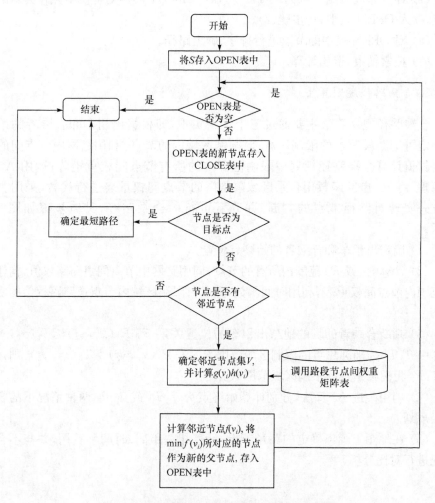

图 8.8　基于路段节点间权重的 A* 算法流程图

（1）确定起点和终点，将起点 S 存入 OPEN 表中，建立 CLOSE 表。

（2）判断 OPEN 表是否为空，为空则退出转步骤（9）。

（3）将 OPEN 表中的新节点存入 CLOSE 表中。

（4）判断 OPEN 表中是否含有目标节点，有则转步骤（8）；否则，进行下一步。

（5）判断 CLOSE 表中的节点是否有邻近节点，有则进行下一步，否则退出转步骤（9）。

（6）建立邻近节点集合 $V=\{v_1,v_2,\cdots,v_n\}$，调用路段节点间权重矩阵表，查询邻近节点中 $g(v_1),g(v_2),\cdots,g(v_n)$ 和 $h(v_1),h(v_2),\cdots,h(v_n)$ 所对应的结果。

（7）计算邻近节点 $f(v_i),i=1,2,\cdots,n$，将 $\min f(v_i)$ 所对应的节点作为新的父节点，存入 OPEN 表中，转步骤（2）。

（8）对 OPEN 表中的节点进行排序，确定路径。

（9）搜索结束，退出计算。

3. 合乘路径规划算法

合乘路径规划算法主要通过三个步骤实现，即根据出租车和合乘者的始终点确定可选路段节点的限制区域；对限制区域内的节点，利用路网中节点间的道路路权值计算合乘路径规划中限制范围内的所有节点间权重矩阵；运用 A* 算法原理，将 A* 启发函数用合乘区域限制内的节点间权重表进行代替，采用查表的方式实现对路径节点的判断，并确定可行的合乘路径，具体步骤如图 8.9 所示。

（1）确定出租车和合乘者的始终点位置。

（2）计算 R_1 或 R_2 范围内所有的节点，调用路网中节点间道路路权值，构建限制范围内节点间权重表，利用时间函数，完成对限制区域内节点道路路权值的实时更新。

（3）判断合乘者的目的地与出租车的位置关系，若 $P_2(x_2,y_2) \leqslant T_2(x_2,y_2)$，计算由 T_1T_2 为椭圆焦点的限制区域范围 R_1；若 $P_2(x_2,y_2) > T_2(x_2,y_2)$，则计算由 T_1P_2 为椭圆焦点的限制区域范围 R_2。

（4）利用改进 A* 算法，分别计算始终点为 T_1T_2 或 T_1P_2 两种情况下的合乘路径规划。

（5）在地图上画出确定的路径节点，计算相关距离、时间和费用，并与不合乘情况进行对比分析。

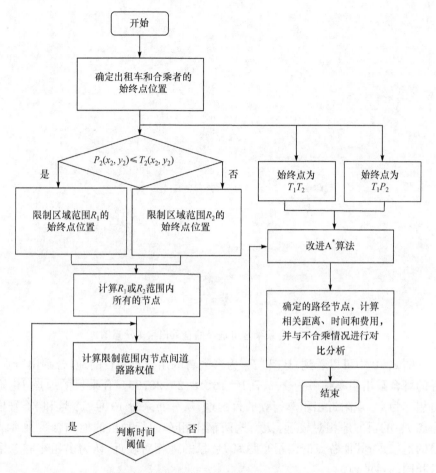

图 8.9　城市出租车合乘路径规划算法流程图

8.3　实 验 分 析

8.3.1　实验数据

　　本实验中,2014 年 9 月 16 日合乘者到达出行点后合乘乘客可选择的合乘出租车示意图如图 8.10 所示。

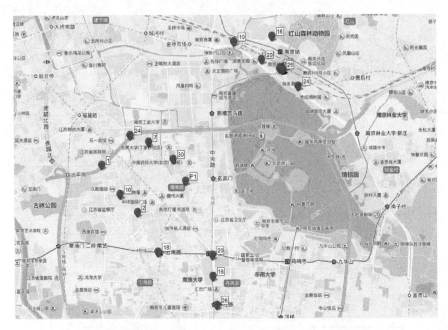

图 8.10　合乘乘客可选择的合乘出租车示意图

从图 8.10 中可以看到，P_1 和 P_2 为合乘者的出行点和目的地，合乘出行点 P_1 附近的可合乘出租车编号为 1、2、7、10、16、18、20、26、30。合乘目的地点 P_2 附近的出租车为 P_1 点附近出租车行驶的目的地，从分布来看 10 号、16 号和 24 号出租车距离 P_2 的目的地相对较远，认为这两辆出租车的行驶目的地和合乘乘客的行驶目的地较远；其他各点的出租车距离 P_2 目的地相对较近，认为出租车和合乘乘客有相同的目的地。

为实现合乘乘客匹配出租车路径的规划，利用 Mapinfo 软件中点、线、区域等多种图形元素，可以将各种信息资料紧密地与地理图形结合，并提供分析和查询等功能。对图 8.10 中的南京市城市道路进行坐标系及道路的数字化转换，具体如图 8.11 所示。

从图 8.11 中可以看出，★表示合乘者的出行点和目的地，▲表示出租车在 P_1 附近的行驶点和在 P_2 附近的行驶目的地点。图中道路线段的粗细表示道路的等级，越粗表示道路等级越高，越细表示道路等级越低。图中编号 1～133 表示路段的节点编号。根据 Mapinfo 数据库中表的功能，建立表结构并定义相关字段的类型和取值范围等参数，具体如表 8.2 所示。

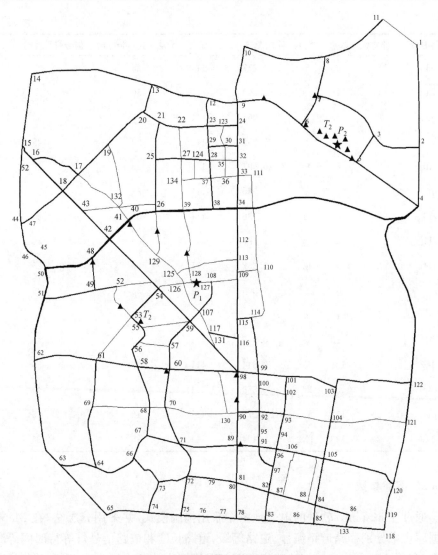

图 8.11　城市道路结构矢量化图

表 8.2　城市道路数据库表

道路编号	道路等级	起点	终点	路段距离/km	双向	平均车速/(km/h)	信号灯等待时间/min
z1	2	1	2	1.572	111	33	25
z4	2	2	3	0.660	111	35	25
z2	2	2	4	0.893	111	34	25
z5	2	3	5	0.301	111	35	25
z8	2	3	7	1.141	111	30	25

道路编号	道路等级	起点	终点	路段距离/km	双向	平均车速/(km/h)	信号灯等待时间/min
z3	2	4	5	1.257	111	26	25
k1	1	4	39	2.693	111	50	15
z6	2	5	6	1.068	111	25	35
z7	2	6	7	0.352	111	29	25
z10	2	6	9	0.991	111	28	25
z9	2	7	8	0.530	111	33	25
z13	2	8	11	0.536	111	35	25
z11	2	9	10	0.795	111	29	25
z14	2	9	12	0.357	111	28	25
z12	2	10	8	1.006	111	33	25
⋮	⋮	⋮	⋮	⋮	⋮	⋮	⋮
c38	3	130	98	0.945	111	13	45
z162	2	131	59	0.644	111	27	25
c43	3	132	26	0.359	111	13	45
c41	3	132	41	0.279	111	12	45
z143	2	133	118	0.454	111	35	25

8.3.2　实验参数

通过在 Mapinfo 软件的电子地图中采用描画模式,并采用分层法,在 Mapinfo 数据库表中分别存储道路编号、道路等级、道路长度和道路信号灯等待时间等时间参数,利用这些参数和熵权法确定道路权重模型中的各变量参数,得到道路的路权公式如下:

$$W_{ij}=0.2423L_{ij}+0.26V_{ij}+0.2556G_{ij}+0.2422T_{ij} \tag{8.28}$$

利用式(8.28),计算城市道路的路权值数据,根据有向权拓扑网络结构图的拓扑结构矩阵构建原理,并结合式(8.27)建立任意节点间的权重矩阵表,如表 8.3 所示。

表 8.3 任意道路两节点间的权重值

节点\权值	1	2	3	4	5	...	131	132	133
1	30.7642	15.3821	31.0383	30.8433	44.3543		134.0918	77.0067	234.6342
2	15.3821	30.7642	15.6562	15.4612	28.9722		118.7097	61.6246	219.2521
3	31.0383	15.6562	29.0064	29.0739	15.5629		132.3224	75.2373	232.8648
4	30.8433	15.4612	29.0739	27.0220	13.5110		103.2485	46.1634	203.7909
5	44.3543	28.9722	15.5629	13.5110	27.0220		116.7595	59.6744	217.3019
6	59.5840	44.2019	28.5457	29.1388	15.6278		128.3245	75.3022	232.9297
7	45.5415	30.1594	14.5032	43.1813	29.6703		142.3670	89.3447	246.9722
8	32.5458	45.2706	29.6144	58.2925	44.7815		143.7641	102.1807	257.5353
9	61.9384	58.1549	42.4987	43.0918	29.5808		114.3715	72.7881	228.1427
10	47.7807	60.5055	44.8493	57.2495	43.7385		128.5292	86.9458	242.3004
11	16.9218	32.3039	45.2384	47.7651	60.4055		151.0136	93.9285	251.5560
12	75.7266	71.9431	56.2869	56.8800	43.3690		100.5833	58.9999	222.0973
13	89.8853	86.1018	70.4456	71.0387	57.5277	...	86.4246	44.8412	207.9386
14	104.9803	101.1968	85.5406	86.1337	72.6227		71.3296	59.9362	192.8436
15	120.7327	106.9376	101.2930	91.4764	88.3751		55.5772	46.6882	177.0912
16	108.5195	93.1374	106.7501	77.6762	91.1872		70.7526	31.5128	192.2666
17	92.9921	77.6100	91.2227	62.1488	75.6598		85.7339	15.9854	207.2479
18	106.9189	91.5368	105.1495	76.0756	89.5866		71.2257	29.9122	192.7397
19	92.7365	77.3544	90.9671	61.8932	75.4042		85.9883	15.7298	207.5023
20	104.1863	92.1648	84.7466	76.7036	71.8287		100.7256	30.5402	222.2396
⋮	⋮	⋮	⋮	⋮	⋮		⋮	⋮	⋮
129	76.3220	60.9399	74.5526	45.4787	58.9897		70.6381	29.3953	192.1521
130	152.6870	137.3049	150.9176	121.8437	135.3547		29.7988	100.0573	106.4913
131	134.0918	118.7097	132.3224	103.2485	116.7595		27.2144	70.2585	121.5140
132	77.0067	61.6246	75.2373	46.1634	59.6744		70.2585	29.5272	191.7725
133	234.6342	219.2521	232.8648	203.7909	217.3019		121.5140	191.7725	31.0482

　　表 8.3 列出了任意道路两节点间的权值,可以从中查询各节点到达目的地的权重大小,通过对比大小确定出租车行驶的最优路径,此表将作为改进 A* 算法的路段估计过程中路段节点选择的依据,并作为数据库查询结果直接被 A* 算法过程所调用。

　　根据节点区域限制算法,将图 8.11 中的 T_1 和 T_2 作为椭圆的焦点,建立椭圆方程,并根据椭圆的极值点坐标画出区域的限制范围,在区域限制范围内搜索出租车合乘的最优路段节点,实现合乘出租车路径的规划,具体如图 8.12 所示。

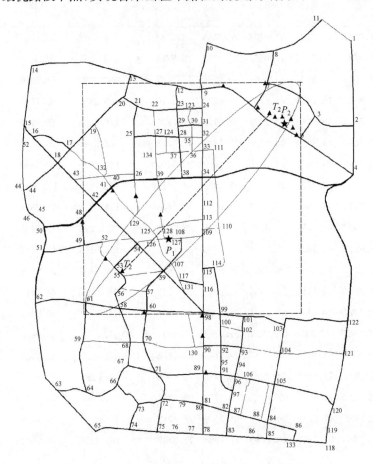

图 8.12　基于区域限制的合乘路径节点范围图

8.3.3　实验结果分析

为实现 A* 算法和本章所提算法的对比分析,同时验证所提算法的效果,利用 VB 6.0 编写两种算法程序,实验平台为 Windows XP 系统、主频 3.1GHz、内存 2.9GB,进行实验验证。

表 8.4 为出行点到目的地在地图中的直线距离分别为 1km、3km、6km、10km 和 15km 的 5 组数据。

表 8.4　两种算法合乘路径规划耗时对比

出行点		目的地		相距距离 /km	A* 算法规划 时间/ms	改进 A* 算法规划 时间/ms
经度/(°)	纬度/(°)	经度/(°)	纬度/(°)			
118.7788	32.0545	118.7809	32.0438	1	33	31
118.7729	32.0613	118.7681	32.0355	3	361	146
118.7787	32.0587	118.7163	32.0391	6	583	210
118.7068	32.0019	118.7675	32.0823	10	921	272
118.7947	32.0993	118.7475	31.9775	15	1640	384

利用 A* 算法与节点区域限制的改进 A* 算法分别对这 5 组数据进行路径规划。从表 8.4 中可以看出,出行点与目的地越远,改进 A* 算法相对于传统的 A* 算法,耗时越短,原因在于传统的 A* 算法中一般选用欧氏距离来估计状态点到目标点的距离,这样会对大量的无用节点进行考察和搜索,使算法运行时间过长,而改进 A* 算法利用节点间权重表查询,实现路径的搜索,路径规划耗时短。为了更清楚地展现对比效果,建立 A* 算法与节点区域限制的改进 A* 算法的耗时对比图,如图 8.13 所示。

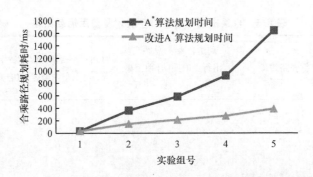

图 8.13　A* 算法与节点区域限制的改进 A* 算法合乘路径规划耗时对比

从图 8.14 中可以看出,若出租车不提供合乘,则原行驶路线为 55→53→54→42→40→26→39→4→5 所确定的路径,若出租车提供合乘,则根据本书所提出的改进 A* 算法,得到 55→53→54→126→127→108→109→34→38→28→12→9→6 所构成的合乘行驶路径,从而实现合乘乘客的路径规划。

从表 8.5 中可以看出,从到达合乘者出行点的时间来看,1 号和 2 号出租车时间相对较短;从合乘乘客的费用负担来看,2 号、10 号、1 号、18 号和 24 号出租车承担的费用相对较少;从出租车的收益来看,7 号、16 号、26 号和 30 号出租车的收益相对较高。

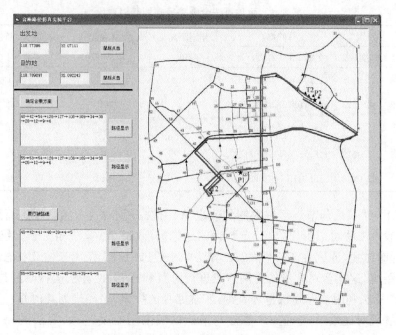

图 8.14　合乘乘客合乘出租车路径规划图

表 8.5　合乘出租车合乘路径规划及费用信息比较

编号	行驶路线	到达合乘出行点时间/min	总距离/合乘距离/km	时间/min	费用/元（车内乘客）	费用/元（合乘者）	收益/元（出租车）
1	48→42→54→126→127→108→109→34→38→28→12→9→6	约5	6.356/4.874	约21	约13	约9	约22
2	55→53→54→126→127→108→109→34→38→28→12→9→6	约3	5.666/4.874	约21	约12	约9	约21
7	129→26→39→38→34→112→113→109→108→127→108→109→34→38→28→12→9→6	约12	7.901/4.874	约28	约19	约9	约28
10	52→53→54→126→127→108→109→34→38→28→12→9→6	约8	6.070/4.874	约23	约11	约9	约20

续表

编号	行驶路线	到达合乘出行点时间/min	总距离/合乘距离/km	时间/min	费用/元（车内乘客）	费用/元（合乘者）	收益/元（出租车）
16	90→98→131→59→107→126→127→108→109→34→38→28→12→9→6→7→6	约 9	7.342/5.226	约 25	约 17	约 11	约 28
18	60→57→59→107→126→127→108→109→34→38→28→12→9→6	约 7	6.167/4.874	约 23	约 13	约 9	约 22
20	98→131→59→107→126→127→108→109→34→38→28→12→9→6	约 8	6.723/4.874	约 23	约 14	约 9	约 23
24	41→129→126→127→108→109→34→38→28→12→9→6	约 10	6.302/4.874	约 26	约 13	约 9	约 22
26	89→90→98→131→59→107→126→127→108→109→34→38→28→12→9→6	约 11	7.832/4.874	约 26	约 17	约 9	约 26
30	128→39→38→34→112→113→109→108→127→108→109→34→38→28→12→9→6	约 12	7.804/4.874	约 27	约 18	约 9	约 27

注：车内乘客的费用和出租车的收益只计算了出租车从采集点到目的地点的费用，采集点前的费用未计算在内

在假定不合乘情况下，对出租车和合乘者分别进行路径和相关费用的计算，具体如表 8.6 所示。

表 8.6　出租车和合乘者不合乘时路径及相关费用

类别	编号	行驶路线	总距离/km	时间/min	费用/元	收益/元（出租车）
出租车	1	48→42→41→40→39→4→5	5.323	约 17	约 16	约 16

类别	编号	行驶路线	总距离/km	时间/min	费用/元	收益/元（出租车）
出租车	2	55→53→54→42→41→40→26→39→4→5	8.360	约16	约25	约25
	7	129→26→39→4→5	6.230	约9	约18	约18
	10	53→52→49→48→42→41→40→26→25→21→22→23→12→9	3.312	约11	约10	约10
	16	90→98→116→115→109→34→33→32→32→24→9→6→7	6.701	约18	约20	约20
	18	60→98→116→115→109→34→38→28→12→9→6	6.516	约18	约20	约20
	20	98→116→115→109→34→38→28→12→9→6	5.730	约16	约17	约17
	24	41→40→39→4→5	6.202	约9	约19	约19
	26	89→90→98→116→115→109→34→38→28→12→9→6	6.839	约19	约20	约20
	30	128→39→4→5	6.890	约12	约20	约20
合乘者		126→127→108→109→34→38→28→12→9→6	4.874	约15	约15	约15

将表8.5与表8.6对比可以看出,在合乘的情况下,提供合乘的出租车行驶的总距离、行驶时间和出租车的收益都有所增加,而车内乘客和合乘者的出行费用分别有一定程度的减少。综合可知,合乘者、车内乘客和出租车司机可以根据路程、时间以及费用的对比情况,选择合乘对象,实现城市出租车的合乘。

8.4　本章小结

本章利用图层法对城市交通道路网进行网络拓扑化,并建立了电子地图和城市交通道路网数据库。利用道路权重函数将路网数据库中的数据进行道路路权值计算,根据基于区域限制算法对合乘路径规划中的节点进行确定,并计算节点间的权重,结合改进 A* 算法对所确定的节点间权重表进行判断,实现合乘路径的规划。根据规划路径方案,计算合乘乘客费用、车内乘客费用和出租车收益,为合乘者、车内乘客以及出租车司机确定最优合乘对象提供参考。

参 考 文 献

[1] 王美玲,潘允辉. 基于 GIS 与约束条件下的最优路径规划研究[J]. 北京理工大学学报, 2016,36(8):851-856.

[2] 郭森,秦贵和,张晋东,等. 多目标车辆路径问题的粒子群优化算法研究[J]. 西安交通大学学报,2016,50(9):97-104.

[3] 唐炉亮,常晓猛,李清泉. 出租车经验知识建模与路径规划算法[J]. 测绘学报,2010,39(4): 404-409.

[4] 龙雪琴,关宏志,秦焕美. 城市道路最大出行距离计算模型[J]. 交通运输工程学报,2012, 12(4):75-82.

[5] 唐思静. 车辆定位导航系统中地图匹配和路径规划算法研究[D]. 西安:西安电子科技大学,2009.

[6] 付梦印,李杰,邓志红. 限制搜索区域的距离最短路径规划算法[J]. 北京理工大学学报, 2004,24 (10):881-884.

[7] 王海梅,周献中. 一种限制搜索区域的最短路径改进算法[J]. 南京理工大学学报(自然科学版),2009,33(5):638 -643.

[8] 杨智新. 基于分层区域限制的车辆导航路径规划问题研究[D]. 天津:天津理工大学,2014.

[9] 别丽华,蒋天发,李倩,等. 基于 Hash table 的启发式 A* 及其改进算法在最短路径问题中的高效实现[J]. 武汉大学学报(工学版),2016,49(6):944-948.

[10] 张翼,唐国金,陈磊. 时相关车辆路径规划问题的改进 A* 算法[J]. 控制工程,2012, 19(5):750-752.

[11] 胡继华,黄泽,邓俊,等. 融合出租车驾驶经验的层次路径规划方法[J]. 交通运输系统工程与信息,2013,13(1):185-192.

[12] 沈国杰. 车载导航系统的最优路径规划算法研究[D]. 大连:大连理工大学,2013.

[13] 郭键. 图的可达性矩阵的一种新求法[J]. 数学的实践与认识,2009,39(12):223-225.

[14] 任伟建,左方晨,黄丽杰,等. 基于 GIS 的最短路算法研究[J]. 吉林大学学报(信息科学版),2015, 33(6):675-679.

[15] 李彦平,魏昆,王丹. 基于极小代数赋权有向图最短路径求解算法[J]. 沈阳大学学报(自然科学版),2015,27(1):25-29.

第9章 城市出租车合乘收益趋势影响模型研究

出租车作为城市交通体系中的重要组成部分,可为城市居民提供全天候、快捷、私密、点到点的服务[1,2]。然而,随着经济的快速发展,城市机动车的数量快速增长,城市交通道路与车辆拥有量的矛盾日益突出,道路拥堵、交通事故频发、环境污染等已成为城市交通存在的主要问题[3-5]。合乘作为一种缓解道路拥堵、减少环境污染、丰富出行方式的手段被越来越多的大城市所采用,但在现实中,各种黑车、私车凭借打车软件和叫车服务电话对出租车的客源造成了影响[6,7]。出租车合乘虽然有政府的支持,但实际生活中选择合乘方式的乘客仍很少,加之现有的合乘软件无法较好地实现乘客的合乘,使得合乘方式的有效性和可行性受到了质疑[8-10]。因此,探讨出租车合乘条件对出租车合乘收益的影响,将有利于提高人们对出租车合乘收益的认识。

本章从影响合乘的关键因素出发,介绍合乘中距离和时间两个因素对合乘收益的影响,为出租车合乘收益问题的研究提供参考。

9.1 GPS 轨迹数据的计算

构建数据集:$Q=\{t_1,t_2,\cdots,t_n\}$,$t_i=\{\mathrm{ID},V_C,L_1,L_2,M_T,S,P_Z\}$,$i=1,2,\cdots,n$,其中 Q 表示出租车 GPS 轨迹数据集,t_i 表示第 i 组出租车信息集,ID 表示数据的序列号,V_C 表示车辆编号,L_1 表示经度,L_2 表示纬度,M_T 表示出租车数据采集时间,S 表示出租车移动速度,P_Z 表示载客状态。由于本书介绍的是出租车的合乘及收益情况,构建条件表达式如下:

$$t_i(V_C)=t_j(V_C), \quad i,j\in n \wedge i\neq j \tag{9.1}$$

$$t_i(M_T)<t_j(M_T), \quad i,j\in n \wedge i<j \tag{9.2}$$

$$t_{p-1}(P_Z)=0, \quad t_p(P_Z)=0; \quad t_{p+1}(P_Z)=1, \quad t_{p+2}(P_Z)=1, \quad p\in n \tag{9.3}$$

$$t_{q-1}(P_Z)=1, \quad t_q(P_Z)=1; \quad t_{q+1}(P_Z)=0, \quad t_{q+2}(P_Z)=0, \quad q\in n \tag{9.4}$$

式(9.1)表示第 i 组和第 j 组出租车数据为同一辆出租车;式(9.2)表示出租车采集的时间数据按时间顺序存放;式(9.3),若第 $p-1$ 组、第 p 组出租车信息中载客状态 P_Z 为"0",第 $p+1$ 组、第 p 组出租车信息中载客状态 P_Z 为"1",表示有乘客上车;式(9.4),若第 $q-1$ 组、第 q 组出租车信息中 P_Z 载客状态为"1",第 $q+1$ 组、第 $q+2$ 组出租车信息中 P_Z 载客状态为"0",表示有乘客下车,分别将采集到的状态改变信息存入乘客上下车点数据集为 $P_s=(p_1,p_2,\cdots,p_n)$,其中 P_s 表示第

s 辆出租车的上下车位置数据集，p_i 表示每次载客的上下车位置点数据，$p_i =$ $(t_p(L_1,L_2),t_{q+1}(L_1,L_2))$。

将 P_s 中出租车载客的上下车点看成出行乘客的出行点和目的地，利用出租车空间位置坐标分别计算乘客到达合乘上、下车点的距离，并以此认为在这些出行乘客到达上车点距离和时间满足合乘阈值的情况下，部分乘客可以进行合乘，从而来讨论距离和时间对合乘的影响。

9.2　出租车合乘模型及收益预测模型

9.2.1　出租车合乘模型

出租车的合乘主要缘于合乘乘客的出行点和目的地与出租车行驶所经过的路径相近或相同，且能在上车点在规定的时间和距离内实现乘客与出租车的合乘，因此，乘客到达上车点的时间与距离是实现出租车合乘的关键。

为了讨论合乘下出租车的收益，需要建立出租车合乘模型。书中利用静态合乘中的多目标优化算法，得到两种因素下出租车的合乘结果，并利用合乘结果来计算不同因素下的合乘收益。合乘模型分析只得到了理论的下限值，现实生活中合乘的方式有多种：不仅可以提前约定时间地点实现静态合乘，还可以临时联系进行动态合乘；不仅可以两人合乘，还可以最多四人合乘[11-14]。因此，本书利用合乘理论的下限值探讨合乘的收益，而无论是动态合乘还是多人合乘均应优于理论下限值。假定所有出租车载客点的乘客都愿意合乘，根据静态合乘方式构建合乘条件，具体如下：

$$p_{i_1}(M_T)-p_{j_1}(M_T)\leqslant \Delta t,\quad i_1,j_1\in m \tag{9.5}$$

$$(p_{i_2}(L_1)-p_{j_2}(L_1))^2+(p_{i_3}(L_2)-p_{j_3}(L_2))^2\leqslant \Delta d_1,\quad i_2,i_3,j_2,j_3\in m \tag{9.6}$$

$$(p_{i_4}(L_1)-p_{j_4}(L_1))^2+(p_{i_5}(L_2)-p_{j_5}(L_2))^2\leqslant \Delta d_2,\quad i_4,i_5,j_4,j_5\in m \tag{9.7}$$

$$p_{i_0}(V_C)\neq p_{j_0}(V_C)$$

$$(c_i)=\begin{cases} \min z_1=(p_{i_1}-p_{j_1})^2, & j\in m \\ \min z_2=(p_{i_2}-p_{j_2})^2+(p_{i_3}-p_{j_3})^2, & j\in m \\ \min z_3=(p_{i_4}-p_{j_4})^2+(p_{i_5}-p_{j_5})^2, & j\in m \end{cases} \tag{9.8}$$

式(9.5)表示不同上车点的乘客在时间段 Δt 内可以到达合乘上车点，并进行合乘；式(9.6)表示不同上车点的乘客在距离阈值 Δd_1 下，其中一个乘客到达另一乘客的上车点,实现合乘;式(9.7)表示合乘后,两个乘客下车点间的距离小于距离阈值 Δd_2;式(9.8)表示乘客可合乘的最优出租车载客点数据,z_1 表示到达合乘上车点的时间最短,z_2 表示到达合乘上车点的距离最短,z_3 表示合乘乘客的目的地与原乘客的目的地距离最近,建立合乘数据集 $C=\{c_1,c_2,\cdots,c_n\}$,将满足最优条件的出租车上下车点的空间位置、时间以及合乘乘客的空间位置、时间等信息存入数据集元素中,即 $c_i=(p_{i_1},p_{j_1},p_{i_2},p_{j_2},p_{i_3},p_{j_3},p_{i_4},p_{j_4},p_{i_5},p_{j_5})$。

9.2.2 出租车合乘收益模型

为了分析出租车的合乘收益,可在上述合乘模型的基础上,计算出租车载客后的合乘距离。在本节中,合乘行驶距离采用的是合乘上下车点的直线距离,其实际距离要优于理论的下限值。设出租车的合乘距离为 d_i,其合乘收益模型可以表示为

$$M=\begin{cases}M_1, & d_i \leqslant m_e \\ M_2, & d_i > m_e\end{cases} \tag{9.9}$$

式中,M 表示出租车合乘收益;$M_1=(m_a+m_b)\times m_c \times n$,$M_2=(m_a+m_b)\times m_c \times n+(d_i-m_e)\times m_d \times m_c \times n$;$M_1$ 表示合乘的距离小于等于起步公里数的收益;M_2 表示合乘的距离大于起步公里数的收益,共由两部分构成,$(m_a+m_b)\times m_c \times n$ 表示在合乘中起步公里数内的收益,$(d_i-m_e)\times m_d \times m_c \times n$ 表示合乘中起步公里数外的收益,其中 m_a 表示起步价,m_b 表示附加费,m_c 表示合乘费用分担比例,m_d 表示每公里的费用,m_e 表示出租车的起步公里数,n 表示合乘的乘客组数,在此假定 $n=2$,即每次合乘为两组乘客。

9.2.3 出租车合乘收益预测

本节利用灰色预测算法样本不需要规律分布、需要计算的数据量小、计算工作量小且可以用于短期或中长期预测、准确率较高[15-18]的优点,对不同距离和不同时间间隔影响下的出租车收益趋势进行分析,从而探讨时间和距离对收益的影响,具体算法如下。

(1)建立到达合乘上车点的距离变化合乘收益原始数据列:
$$M_1^{(0)}=(M_1^{(0)}(1),M_1^{(0)}(2),\cdots,M_1^{(0)}(n))$$

(2)建立到达合乘上车点的时间变化合乘收益原始数据列:
$$M_2^{(0)}=(M_2^{(0)}(1),M_2^{(0)}(2),\cdots,M_2^{(0)}(n))$$

(3)根据 $M_1^{(0)}$、$M_2^{(0)}$ 数据列建立 GM(1,1)来实现预测功能。

① 原始数据累加得到新数据序列：

$$M_1^{(1)}(t) = \sum_{k=1}^{t} M_1^{(0)}(k), \quad t = 1, 2, \cdots, n$$

$$M_2^{(1)}(t) = \sum_{k=1}^{t} M_2^{(0)}(k), \quad t = 1, 2, \cdots, n$$

$$(9.10)$$

② 对 $M_1^{(1)}$、$M_2^{(1)}$ 建立下述一阶线性微分方程，即 GM(1,1) 模型：

$$\frac{\mathrm{d}M_1^{(1)}}{\mathrm{d}t} + a_1 M_1^{(1)} = u_1, \quad \frac{\mathrm{d}M_2^{(1)}}{\mathrm{d}t} + a_2 M_2^{(1)} = u_2 \qquad (9.11)$$

式中，a_1、a_2、u_1、u_2 为待定系数，并记 a_1、a_2、u_1、u_2 构成的矩阵为灰参数，$\hat{a}_1 = \begin{bmatrix} a_1 \\ u_1 \end{bmatrix}$，

$\hat{a}_2 = \begin{bmatrix} a_2 \\ u_2 \end{bmatrix}$。

③ 对累加生成数据计算均值，生成 B_1、B_2 与常数项向量 Y_{1n}、Y_{2n}，如式(9.12) 和式(9.13)所示。

$$B_1 = \begin{bmatrix} -\dfrac{1}{2}(M_1^{(1)}(1) + M_1^{(1)}(2)) & 1 \\ -\dfrac{1}{2}(M_1^{(1)}(2) + M_1^{(1)}(3)) & 1 \\ \vdots & \vdots \\ -\dfrac{1}{2}(M_1^{(1)}(n-1) + M_1^{(1)}(n)) & 1 \end{bmatrix}$$

$$(9.12)$$

$$B_2 = \begin{bmatrix} -\dfrac{1}{2}(M_2^{(1)}(1) + M_2^{(1)}(2)) & 1 \\ -\dfrac{1}{2}(M_2^{(1)}(2) + M_2^{(1)}(3)) & 1 \\ \vdots & \vdots \\ -\dfrac{1}{2}(M_2^{(1)}(n-1) + M_2^{(1)}(n)) & 1 \end{bmatrix}$$

$$Y_{1n} = \begin{bmatrix} M_1^{(0)}(2) \\ M_1^{(0)}(3) \\ \vdots \\ M_1^{(0)}(n) \end{bmatrix}, \quad Y_{2n} = \begin{bmatrix} M_2^{(0)}(2) \\ M_2^{(0)}(3) \\ \vdots \\ M_2^{(0)}(n) \end{bmatrix} \qquad (9.13)$$

④ 用最小二乘法求解灰参数 $\hat{a}_1$、$\hat{a}_2$：

$$\hat{a}_1=(B_1^{\mathrm{T}}B_1)^{-1}B_1^{\mathrm{T}}Y_{1n}, \quad \hat{a}_2=(B_2^{\mathrm{T}}B_2)^{-1}B_2^{\mathrm{T}}Y_{2n} \tag{9.14}$$

⑤ 将灰参数 $\hat{a}_1$、$\hat{a}_2$ 分别代入

$$\frac{\mathrm{d}M_1^{(1)}}{\mathrm{d}t}+a_1x^{(1)}=u_1, \quad \frac{\mathrm{d}M_2^{(1)}}{\mathrm{d}t}+a_2x^{(1)}=u_2$$

进行求解，可得

$$\hat{M}_1^{(1)}(t+1)=\left(M_1^{(0)}(1)-\frac{u_1}{a_1}\right)\mathrm{e}^{-a_1t}+\frac{u_1}{a_1}$$

$$\hat{M}_2^{(1)}(t+1)=\left(M_2^{(0)}(1)-\frac{u_2}{a_2}\right)\mathrm{e}^{-a_2t}+\frac{u_2}{a_2} \tag{9.15}$$

⑥ 对函数表达式 $\hat{M}_1^{(1)}(t+1)$、$\hat{M}_1^{(1)}(t)$ 和 $\hat{M}_2^{(1)}(t+1)$、$\hat{M}_2^{(1)}(t)$ 进行离散，并将两者做差还原 $M_1^{(0)}$、$M_2^{(0)}$ 原序列，得到近似数据序列：

$$\hat{M}_1^{(0)}(t+1)=\hat{M}_1^{(1)}(t+1)-\hat{M}_1^{(1)}(t)$$

$$\hat{M}_2^{(0)}(t+1)=\hat{M}_2^{(1)}(t+1)-\hat{M}_2^{(1)}(t) \tag{9.16}$$

⑦ 生成合乘收益预测序列：

$$\hat{M}_1^{(0)}=\{\hat{M}_1^{(0)}(1),\hat{M}_1^{(0)}(2),\cdots,\hat{M}_1^{(0)}(n)\}$$

$$\hat{M}_2^{(0)}=\{\hat{M}_2^{(0)}(1),\hat{M}_2^{(0)}(2),\cdots,\hat{M}_2^{(0)}(n)\} \tag{9.17}$$

⑧ 计算 $M_1^{(0)}(t)$ 与 $\hat{M}_1^{(0)}(t)$、$M_2^{(0)}(t)$ 与 $\hat{M}_2^{(0)}(t)$ 之间的残差 $e_1^{(0)}(t)$、$e_2^{(0)}(t)$ 和相对误差 $q_1^{(0)}(t)$、$q_2^{(0)}(t)$：

$$e_1^{(0)}(t)=M_1^{(0)}-\hat{M}_1^{(0)}(t)$$

$$e_2^{(0)}(t)=M_2^{(0)}-\hat{M}_2^{(0)}(t) \tag{9.18}$$

$$q_1^{(0)}(t)=e_1^{(0)}/M_1^{(0)}(t), \quad q_2^{(0)}(t)=e_2^{(0)}/M_2^{(0)}(t) \tag{9.19}$$

9.3　算例分析

本节采用南京市区出租车公司 2014 年 9 月 16 日的出租车历史 GPS 数据，共7726 辆出租车和 18668073 条记录，经过出租车 GPS 轨迹数据的预处理和计算得到 6503 辆出租车的 519038 条记录。

针对南京市 2014 年 9 月 16 日 6503 辆出租车的轨迹数据，利用各行政区 GPS数据范围，计算出南京市出租车上车点在各行政区的比例，如图 9.1 所示。可以看出，南京市各行政区中秦淮区、玄武区、鼓楼区为出租车上车点的主要聚集区域，所

占比例较高,这反映了出租车主要行驶在南京的市中心区域。

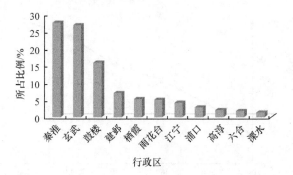

图 9.1　南京市各行政区出租车上车点比例分布图

　　南京市出租车各时段数量及载客次数分布如图 9.2 所示。可以看出,出租车数量主要集中分布于 7:00～22:59 时段,0:00～5:59 时段为出租车数量较低的时段。出租车每小时平均载客次数的峰值主要位于 0:00～0:59、10:00～11:59、17:00～18:59、20:00～21:59 这几个时段,这与城市人们的日常生活规律基本相同。

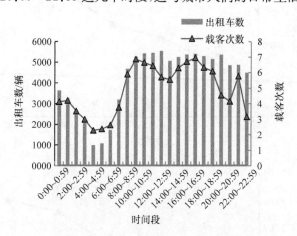

图 9.2　南京市出租车各时段数量及载客次数分布图

　　图 9.3 和图 9.4 分别从乘客到达合乘上车点的距离变化和时间变化两个角度展示了合乘收益的变化。从图 9.3 可以看出,在乘客到达合乘上车点的时间阈值固定不变以及到达合乘上车点的距离变大的前提下,根据合乘模型计算,可以看到出租车的上车点数逐渐减小,出租车行驶公里数逐渐在下降;而根据合乘的收益模型计算,随着到达合乘上车点的距离变大,其收益在逐渐增大,当距离达到 1200m 时,合乘的收益增长 20% 左右。从以上的结果可以看出,出租车合乘既减少了出租车的行驶总里程,也降低了出租车在道路中出现的频率,不但可以改善道路拥挤,还可以增加出租车行驶的收益。

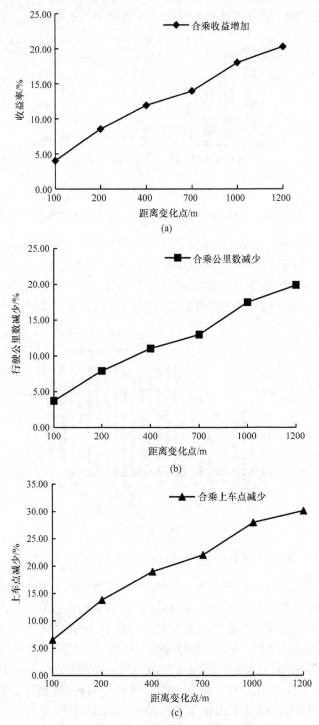

图 9.3　Δt 固定 Δd_1 变化时的合乘效果图

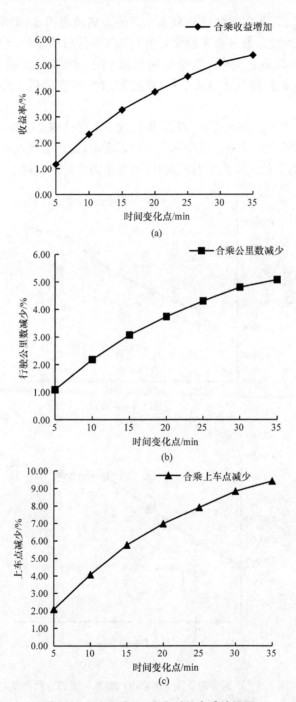

图 9.4 Δd_1 固定 Δt 变化时的合乘效果图

从图 9.4 可以看出,若乘客到达合乘上车点的距离阈值固定,而乘客到达合乘上车点的时间逐渐增加,通过合乘模型计算可以发现,出租车的上车点数在减少,出租车行驶公里数也在降低,但变化的幅度较小,两者分别减少了约 10% 和 5%,而合乘的收益只增加了 5% 左右,收益的增长幅度远低于图 9.3 所示的收益幅度。

图 9.5 为假定的合乘条件下,即 Δt 固定而 Δd_1 变化或 Δd_1 固定而 Δt 变化,南京市出租车一天的合乘收益。从图 9.5 中可以看出,到达上车点距离越远,对合乘的收益影响越大;到达上车点的时间越长,对合乘的收益影响越小。

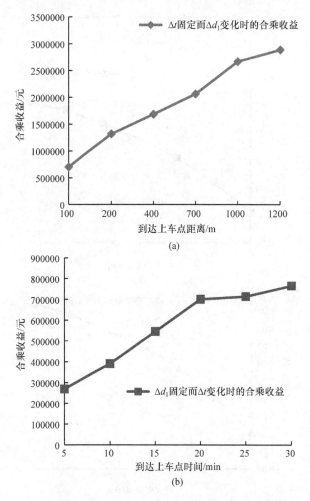

图 9.5　不同合乘条件下南京市出租车一天的合乘收益

为了验证到达上车点的距离和时间因素对合乘收益趋势的影响,这里利用灰色预测模型算法得到距离和时间因素不断增大时合乘收益趋势的变化情况。根据不同的合乘条件——到达上车点的距离和到达上车点的时间,计算不同条件下的合乘收益值,如表9.1所示。

表 9.1 不同合乘条件下出租车的合乘收益值

序号	距离/m	收益/元	时间/min	收益/元
1	100	700960	5	268725
2	200	1318033	10	391002
3	400	1686286	15	545981
4	700	2064491	20	700960
5	1000	2667346	25	713757
6	1200	2887729	30	764942

表 9.2 表示合乘乘客到达上车点的时间阈值固定而到达上车点的距离逐渐增加时的出租车收益长期预测检验的精度表。

表 9.2 Δt 固定而 Δd_1 变化时合乘收益趋势精度分析

原始值	模拟值	残差	相对误差	精度
700960	700960	0	0	100%
1318033	1398873	−80840	−6.13%	93.87%
1686286	1692425	−6139	−0.36%	99.64%
2064491	2047579	16912	0.82%	99.18%
2667346	2477261	190085	7.13%	92.87%
2887729	2997111	−109382	−3.79%	96.21%
平均精度				96.96%

表 9.3 表示合乘乘客到达上车点的距离阈值固定而到达上车点的时间逐步加长时的出租车收益长期预测检验的精度表。

表 9.3 Δd_1 固定而 Δt 变化时合乘收益趋势精度分析

原始值	模拟值	残差	相对误差	精度
268725	268725	0	0	100%
391002	428194	−37192	−9.51%	90.49%
545981	533686	12295	2.25%	97.75%
700960	612658	88302	12.6%	87.4%
713757	703315	10442	1.46%	98.54%
764492	807387	−42895	−5.61%	94.39%
平均精度				94.76%

　　从表 9.2 和表 9.3 可以看出,所采用的预测模型能够较为准确地预测出租车的长期收益变化趋势,且精度较高,能够分析出租车合乘中距离和时间因素对出租车长期收益的影响。

　　从图 9.6 可以看出,从长期看,随着到达合乘上车点的距离阈值逐步变大,对收益趋势的影响加大,增长加快;而到达合乘上车点的时间阈值变长时,合乘收益趋势的增长幅度逐渐变小,长期来看逐渐平缓。通过出租车合乘收益的长期趋势可以看到,在出租车的合乘中,到达合乘上车点的距离对合乘收益影响较大,考虑到达合乘上车点间的距离阈值可有效改善合乘的效果,提高合乘的收益,但若过多考虑到达合乘上车点的时间阈值,或延长到达合乘上车点的时间,并不能有效地改善合乘的效果和提高合乘收益。因此,应合理地考虑时间因素,重点考虑距离因素,为改善和提高合乘收益的效果提供参考。

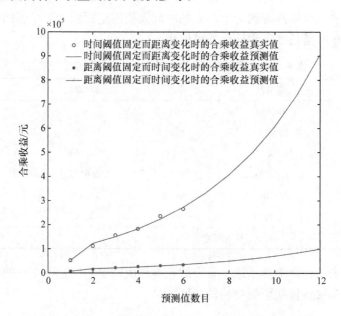

图 9.6　时间或距离变化下的出租车合乘收益趋势预测图

　　综上,出租车合乘收益趋势影响模型可有效改善出租车行业经营状况,使出租车司机的收益增加,对大幅度降低出租车的行驶总公里数、降低运行成本、减少空气污染、改善道路交通拥堵具有一定的社会意义。

9.4　本章小结

　　通过对南京市出租车市场的分析可知,当出租车进行合乘时,若考虑到达合乘上车点间的距离,则合乘收益趋势增长较快;而考虑合乘上车点间的时间间隔,则合乘收益趋势增长较慢。因此,在合乘的分析和设计中应将合乘上车点间的距离作为主要考虑的因素,可有效增加合乘收益,降低出租车行驶总公里数,降低出租车运行成本,减少出租车的上车点,更好地提高城市交通道路的通行能力。在本章内容中,只考虑静态合乘下的时间和距离对合乘收益的影响,未涉及其他因素对合乘的影响,今后应引入动态合乘、合乘的乘客需求、交通拥堵和道路状况等问题,分析其对合乘收益趋势的影响。

参 考 文 献

[1] 袁长伟,吴群琪,韦达利,等. 考虑拒载的出租车市场平衡机制与优化模型[J]. 中国公路学报,2014,27(6):91-97.

[2] 袁长伟,吴群琪. 不同目标下城市出租车最优实载率模型[J]. 长安大学学报(自然科学版),2014,34(2):88-93.

[3] 唐炉亮,常晓猛,李清泉. 出租车经验知识建模与路径规划算法[J]. 测绘学报,2010,39(4):404-409.

[4] 胡继华,黄泽,邓俊,等. 融合出租车驾驶经验的层次路径规划方法[J]. 交通运输系统工程与信息,2013,13(1):185-192.

[5] 肖强,何瑞春,张薇,等. 基于模糊聚类和识别的出租车合乘算法研究[J]. 交通运输系统工程与信息,2014,14(5):119-125.

[6] 张少博,杨英俊,赵文义,等. 城市出租汽车特征价格定价模型[J]. 长安大学学报(自然科学版),2014,34(4):127-133.

[7] Bonarrigo S,Carchiolo V,Longheu A,et al. A carpooling open application with social oriented reward mechanism[J]. Lecture Notes in Computer Science,2014,8729:447-456.

[8] Friginal J,Gambs S,Guiochet J,et al. Towards privacy-driven design of a dynamic carpooling system[J]. Pervasive and Mobile Computing,2014,14(5):71-82.

[9] Yan S,Chen C Y. An optimization model and a solution algorithm for the many-to-many carpooling problem[J]. Annals of Operations Research,2011,191(1):37-71.

[10] He W,H Wang K,Li D Y,et al. Intelligent carpool routing for urban ridesharing by mining GPS trajectories[J]. IEEE Transaction on Intelligent Transportation System,2014,15(5):2286-2296.

[11] 邵增珍,王洪国,刘弘,等. 车辆合乘匹配问题中服务需求分派算法研究[J]. 清华大学学报(自然科学版),2013,53(2):252-258,264.

[12] 程杰,唐智慧,刘杰,等. 基于遗传算法的动态出租车合乘模型研究[J]. 武汉理工大学学报(交通科学与工程版),2013,37(1):187-191.

[13] 张瑾,何瑞春. 解决动态出租车"拼车"问题的模拟退火算法[J]. 兰州交通大学学报,2008,27(3):85-88.

[14] 宋飞,李蓉,张思东,等. 基于趋势预测的合乘收益研究[J]. 电子学报,2014,42(7):1353-1359.

[15] Jacobson L N,Nihan N L,Bender J D. Detecting erroneous loop detector data in a freeway

traffic management system[J]. Transportation Research Record,1990,(1287):151-166.

[16] Coifman B. Improved velocity estimation using single loop detectors[J]. Transportation Research Part A,2001,35(10):863-880.

[17] Xiao X P,Guo H,Mao S H. The modeling mechanism,extension and optimization of grey GM (1,1) model[J]. Applied Mathematical Modelling,2014,38(5/6):1896-1910.

[18] 王正新. 时变参数 GM(1,1)幂模型及其应用[J]. 控制与决策,2014,29(10):1828-1832.

第 10 章　城市不同区域出租车合乘可行性评价研究

随着我国机动车数量的急增,城市交通拥堵和城市空气污染问题成为人们关注的焦点,合乘作为缓解交通拥堵、减少空气污染、提高机动车运行效率的一种方式而被提出[1,2],尤其是出租车合乘方式已被许多大城市所鼓励和支持。众多的合乘研究主要集中于合乘的匹配算法和合乘的机制保障方面,如何衡量城市出租车是否可进行合乘以及合乘的可行性评价,在目前的研究中相对较少。

城市出租车合乘可行性评价是城市制定出租车合乘政策的依据,同时也是城市出租车合乘系统开发的一个重要基础,因此评价方法的选择是城市出租车合乘可行性研究的关键。目前,关于评价方法的研究主要集中在灰色关联评价、层次分析、模糊综合分析、主成分分析和数据包络分析(data envelopment analysis,DEA)等方面,但上述评价方法中灰色关联评价、层次分析、模糊综合分析和主成分分析等方法都属于参数法,即方法中主观因素多,且权重难以确定,致使评价效果较差。基于 DEA 的评价方法属于非参数法,不需要在评价前确定权重,客观性强,但评价指标较多时,常常会有多个决策单元有效,不利于单元之间的比较。神经网络评价法则需要大量历史数据进行权重的训练,在实际中很难得到应用。

本章在探讨城市出租车合乘可行性的评价问题时,考虑了影响出租车合乘的因素,在此基础上构建出租车合乘评价指标体系,并通过这些指标结合物元评价法,利用聚类算法和熵权法构建出租车合乘可行性的物元评价模型,避免指标权重的主观因素影响,从而对城市不同区域出租车合乘的可行性进行客观、合理和准确的评价。

10.1　基于物元分析的评价模型

在物元分析中,把事物、特征和量值这个有序的三元组作为描述事物的基本元,记 $R=(N,C,X)$,其中 N 为事物,C 为事物特征,X 是特征 C 的量值[3]。物元分析的显著优势是将看似不相容的问题通过系统物元变换和结构变换等方法转化为相容问题,使问题得到合理解决[4]。

本章利用物元评价模型将看似不相容的评价指标,通过物元变换为城市出租车合乘可行性中的评价指标、指标特征值和评价等级。通过聚类方式建立评价级别的量值范围,并利用实例数据归一化,得到模型的经典域、节域及关联度,建立城市出租车合乘可行性的物元评价模型。

10.1.1　城市出租车合乘可行性评价指标

评价指一些归类指标按照一定的规则和方法,对评判对象在一方面或多方面的综合状况做出优劣评定。城市出租车合乘评价的目的是改善城市居民合乘出行的条件,为城市管理者制定适合城市发展的合乘政策提供依据,因此评价指标体系的建立应遵循科学性、可操作性、系统性、代表性等原则。根据城市不同区域出租车合乘的影响因素,同时依据城市出租车运行数据的可得性,从合乘影响的外部因素和内部因素两方面,分别选取城市不同区域的载客点密度、出租车载客率、出租车分布密度、合乘平均等待时间、合乘平均收益和合乘平均成功次数等,建立如图 10.1 所示的城市出租车合乘评价指标体系。

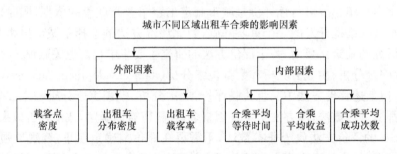

图 10.1　城市出租车合乘评价指标体系

10.1.2　城市出租车合乘物元

假定城市不同区域出租车合乘评价指标类别为 M,关于评价指标类别的特征 E 的特征值 X,以有序三元组 $R=(M,E,X)$ 作为描述城市出租车合乘系统的基本元[5]。若合乘评价指标类别包含多个评价指标特征,则定义特征为 $E_1,E_2,\cdots,E_n$,所对应的特征值为 $X_1,X_2,\cdots,X_n$,因此城市出租车合乘物元分析模型可表示为

$$R=(M,E,X)=\begin{bmatrix} M & E_1 & X_1 \\ & E_2 & X_2 \\ & \vdots & \vdots \\ & E_n & X_n \end{bmatrix} \tag{10.1}$$

1. 城市出租车合乘可行性经典域物元和节域物元

若 M 可划为 j 个评价类别,E_i 表示评价类别 M_j 对应的评价指标特征,则定义 $X_{ji}=(a_{ji},b_{ji})$ 表示 M_j 关于评价特征 E_i 的量值范围,$i=1,2,\cdots,n$,各类别 M_j 关于评价指标 E_i 所取得的数据范围称为经典域物元[6],可表示为

$$R = (M_j, E_i, X_{ji}) = \begin{bmatrix} M_j & E_1 & (a_{j_1}, b_{j_1}) \\ & E_2 & (a_{j_2}, b_{j_2}) \\ & \vdots & \vdots \\ & E_n & (a_{jn}, b_{jn}) \end{bmatrix} \tag{10.2}$$

假定 M_p 为由标准事物和可转化为标准事物的事物组成的节域对象[7]，$X_{pi} = (a_{pi}, b_{pi})$ 表示节域对象关于特征 E_i 的量值范围，则节域对象表示为

$$R_p = (M_p, E_p, X_p) = \begin{bmatrix} M_p & E_1 & (a_{p1}, b_{p1}) \\ & E_2 & (a_{p2}, b_{p2}) \\ & \vdots & \vdots \\ & E_n & (a_{pn}, b_{pn}) \end{bmatrix} \tag{10.3}$$

2. 待评物元

建立城市出租车载客点密度、出租车载客率、出租车分布密度、合乘平均等待时间、合乘平均收益和合乘平均成功次数等特征值的待评数据，可表示为

$$R_d = (M_d, E_i, X_i) = \begin{bmatrix} & L_1 & L_2 & \cdots & L_n \\ E_1 & x_{11} & x_{12} & \cdots & x_{1n} \\ E_2 & x_{21} & x_{22} & \cdots & x_{2n} \\ \vdots & \vdots & \vdots & & \vdots \\ E_m & x_{m1} & x_{m2} & \cdots & x_{mn} \end{bmatrix} \tag{10.4}$$

式中，R_d 表示待评物元；L_i 表示第 i 个区域；E_i 表示城市出租车合乘可行性的第 i 项评价指标，其量值为 x_{ji}。

3. 待评事物的关联度

根据物元理论可拓学中关于距的定义，关联函数表示物元的量值取为实轴上一点 x_i 时物元符合要求的取值范围的程度，则待评城市出租车合乘评价类别 M 的各等级 j 的关联度可表示为[8-11]

$$K_j(x_i) = \begin{cases} \dfrac{q(x_i - x_{ji})}{q(x_i - x_{pi}) - q(x_i - x_{ji})}, & x_i \notin x_{ji} \\ -\dfrac{q(x_i - x_{ji})}{|x_{ji}|}, & x_i \in x_{ji} \end{cases} \tag{10.5}$$

式中，$K_j(x_i)$ 表第 i 项特征属于 j 的关联函数；$|x_{ji}|$ 表示 (a_{ji}, b_{ji}) 的距离，即 $|x_{ji}| = |a_{ji} - b_{ji}|$；$q(x_i, x_{ji})$ 表示点 x_i 到区间 $x_{ji} = (a_{ji}, b_{ji})$ 的距离，即

$$q(x_i, x_{ji}) = \left| x_i - \frac{a_{ji} + b_{ji}}{2} \right| - \frac{b_{ji} - a_{ji}}{2} \tag{10.6}$$

$q(x_i, x_{pi})$ 表示点 x_i 到区间 $x_{pi} = (a_{pi}, b_{pi})$ 的距离,即

$$q(x_i, x_{pi}) = \left| x_i - \frac{a_{pi} + b_{pi}}{2} \right| - \frac{b_{pi} - a_{pi}}{2} \tag{10.7}$$

10.2　求解算法

从 10.1 节的模型可以看出,城市出租车合乘评价问题是一个物元分析问题。为方便求解,可利用 K-means 聚类算法求解评价类别的特征值范围,根据熵权法求解物元分析模型中的指标权重,计算出待评物元的隶属等级,并结合评价级别偏向特征值计算方法,求解出隶属等级的城市出租车合乘可行性优度值,从而确定出城市出租车合乘的可行性。

10.2.1　评价类别特征值量值范围

城市出租车合乘物元评价中,由于没有评价类别分类参考,无法进行评价类别特征值量值范围的确定。在本书中根据城市出租车运行数据的特点,将城市出租车各区分时段载客点密度、各区分时段出租车载客率、各区各时段出租车分布密度等指标作为评价类别 N_j 指标特征 C_i 的数据,利用 K-means 聚类算法对数据进行聚类区间的设定,确定评价特征值量值范围 $X_{ji} = (a_{ji}, b_{ji})$。

利用城市出租车轨迹数据建立城市出租车数据集 Q_1、Q_2、Q_3:

$$Q_1 = \begin{bmatrix} q_{11} & q_{12} & \cdots & q_{1n} \\ q_{21} & q_{22} & \cdots & q_{2n} \\ \vdots & \vdots & & \vdots \\ q_{m1} & q_{m2} & \cdots & q_{mn} \end{bmatrix} \tag{10.8}$$

式中,q_{ij} 表示某城市第 i 个区 j 个时间段载客点的密度,$q_{ij} = \dfrac{TR_{ij}}{TS_i}$,$i = 1, 2, \cdots, m$,$j = 1, 2, \cdots, n$,其中 TR_{ij} 表示第 i 个区在 j 时间段的载客人数,TS_i 表示第 i 个区的面积。

$$Q_2 = \begin{bmatrix} Z_{11} & Z_{12} & \cdots & Z_{1n} \\ Z_{21} & Z_{22} & \cdots & Z_{2n} \\ \vdots & \vdots & & \vdots \\ Z_{m1} & Z_{m2} & \cdots & Z_{mn} \end{bmatrix} \tag{10.9}$$

式中，Z_{ij} 表示城市第 i 个区第 j 个时间段出租车载客率，$Z_{ij} = \dfrac{TB_{ij}}{TC_{ij}}$，其中 TC_{ij} 表示第 i 个区在 j 时间段内出租车载客的总时长，TB_{ij} 表示第 i 个区在 j 时间段出租车运行的总时长。

$$Q_3 = \begin{bmatrix} M_{11} & M_{12} & \cdots & M_{1n} \\ M_{21} & M_{22} & \cdots & M_{2n} \\ \vdots & \vdots & & \vdots \\ M_{m1} & M_{m2} & \cdots & M_{mn} \end{bmatrix} \tag{10.10}$$

式中，M_{ij} 表示城市第 i 个区第 j 个时间段出租车的数量，$M_{ij} = \dfrac{TM_{ij}}{TN_j}$，其中 TM_{ij} 表示第 i 个区在 j 时间段的出租车运行数量，TN_j 表示所有区第 j 个时间段出租车总的运行数量。

将数据集 Q_1、Q_2、Q_3 利用 K-means 算法进行聚类，从而确定出租车合乘可行性评价指标 N_j 的特征 C_i 的取值范围，具体算法如下。

(1) 从矩阵 Q_i 中选择 k 个对象作为 K-means 的初始聚类中心 S_i，$i = 1, 2, \cdots, k$。

(2) 利用 $d(p_i, s_i) = \sqrt{(p_{i1} - s_{i1})^2 + (p_{i2} - s_{i2})^2 + \cdots (p_{in} - s_{in})^2}$，计算矩阵 Q_i 中的每行元素 p_i 到 k 个聚类中心 S_i 的距离 $d(p_i, s_i)$。

(3) 找出对象 p_i 对应的最小距离 $d(p_i, s_i)$，将 p_i 归到与 C_i 相同的聚类中。

(4) 遍历对象 p_i 后，利用式(10.8)~式(10.10)重新计算 S_i 的值，即 $S_k = \dfrac{1}{N} \sum\limits_{i=1}^{N} p_i$，其中 S_k 代表第 k 个聚类中心，N 代表第 k 个聚类中心的数据对象数。

(5) 重新将整个聚类中的对象分配给最类似的聚类中心，反复进行直到平方误差最小，即 $E = \sum\limits_{i=1}^{k} \sum\limits_{p_i \in P} | p_i - \overline{S}_i |^2$，其中 E 表示所有对象的平方误差总和，p_i 代表矩阵 P 的对象，$\overline{S}_i$ 代表 S_k 的平均值。

(6) 将矩阵 Q_i 得到的聚类集合，根据出租车载客点密度、出租车载客率、出租车载客密度分别确定不同评价指标类别 N_j 下特征 C_i 的特征值量值范围 $X_{ji} = (a_{ji}, b_{ji})$。

10.2.2　指标权重、关联度及评价等级

为确定评价指标不同等级的关联度，避免主观因素在评价中的影响，可利用熵权法从系统的内部计算每个特征值 C_i 的权重 W_{ij}，具体步骤如下。

(1) 归一化。将指标特征 C_i 对应的特征值 $X = (x_{ij})_{m \times n}$ 进行归一化，并建立矩阵 r。

(2) 求指标特征值矩阵 r 对应的信息熵。设 $p_{ij} = \dfrac{r_{ij}}{\sum\limits_{i=1}^{}\sum\limits_{j=1}^{} r_{ij}}$，则信息熵为 $e_i =$

$-h\sum\limits_{j=1}^{m}\sum\limits_{i=1}^{n} p_{ij}\ln p_{ij}$，其中 $h = \dfrac{1}{\ln m}$。

(3) 求第 i 个差异：$g_i = 1 - e_i$。

(4) 确定权重：$W_{ij} = \dfrac{g_{ij}}{\sum\limits_{i=1}^{n} g_{ij}}$。

(5) 计算多指标关联度 $K_j(N_j) = \sum\limits_{i=1}^{N} W_{ij}K_j(x_j)$，对于评价分类级别 N_j，$K_j(N_j)$ 值越大，表示事物属于等级 j 的关联度越高。

(6) 根据待评物元评价分类级别 N_j，计算 $K_j(N_j) = \max(K_j(x_j))$，确定待评数据的隶属评价等级"优、良、中、差"。

10.2.3 评价级别偏向特征值计算

物元评价模型结果为"优、良、中、差"，为了对隶属同等级的评价结果区分其优劣大小，同时验证本算法的有效性，利用下述公式计算所隶属级别下城市出租车评价类别 N_j 下合乘可行性的优度值：

$$\overline{H}_j(x_i) = \frac{H_j(x_i) - \min(H_j(x_i))}{\max(H_j(x_i)) - \min(H_j(x_i))} \tag{10.11}$$

$$h_j^* = \frac{\sum\limits_{j=1}^{m} j\overline{H}_j(x_i)}{\sum\limits_{j=1}^{m} H_j(x_i)} \tag{10.12}$$

式(10.11)中，$H_j(x_i)$ 为指标关联度，$\overline{H}_j(x_i)$ 为指标关联度归一化值；式(10.12)中，h_j^* 表示合乘方案评价隶属级别的优度值。从各方案评价的关联度优度值中确定最大值 H^* 作为评判原则，称此原则为最大关联度原则，即 $H^* = [h_1^*, h_2^*, \cdots, h_n^*]$。

10.3 实例计算与结果分析

本节选取南京市出租车 2014 年 9 月 16 日的轨迹数据，并根据式(10.3)～式(10.5)分别计算各区各时段出租车的载客点密度、载客率、分布密度等指标，如表 10.1 所示。

表 10.1　南京市各区各时段出租车数据表

行政区名称	时刻	载客点密度/(个/km²)	载客率	分布密度	合乘平均收益/元	合乘平均成功次数	合乘公里数/km
秦淮	0:00~2:59	107.585	0.428	0.232	7131.66	289	2592.99
	3:00~5:59	41.774	0.425	0.233	893.29	33	330.41
	6:00~8:59	62.000	0.397	0.150	5884.66	262	2051.69
	9:00~11:59	141.302	0.713	0.184	26529.39	1458	9176.81
	12:00~14:59	177.396	0.572	0.221	26432.45	1304	9401.21
	15:00~17:59	170.736	0.723	0.217	31945.61	1796	11036.69
	18:00~20:59	135.170	0.573	0.215	15230.44	866	5160.22
	21:00~24:00	113.604	0.551	0.248	14070.51	235	9778.38
玄武	0:00~2:59	35.174	0.491	0.132	5508.57	223	2002.85
	3:00~5:59	15.290	0.373	0.126	772.86	29	285.86
	6:00~8:59	33.259	0.388	0.123	7705.12	481	2686.40
	9:00~11:59	68.210	0.626	0.133	29482.55	1687	10198.34
	12:00~14:59	67.383	0.519	0.130	30532.39	1466	10859.43
	15:00~17:59	65.469	0.621	0.127	31063.28	1500	10731.86
	18:00~20:59	47.771	0.558	0.115	11705.39	759	4464.66
	21:00~24:00	28.764	0.685	0.121	23357.12	195	8105.16
鼓楼	0:00~2:59	166.387	0.472	0.396	3323.72	134	1208.46
	3:00~5:59	67.790	0.415	0.405	396.19	15	146.54
	6:00~8:59	156.901	0.395	0.428	4044.73	210	1410.20
	9:00~11:59	307.939	0.673	0.415	18807.34	946	6505.66
	12:00~14:59	319.792	0.564	0.414	16617.80	838	5910.44
	15:00~17:59	308.012	0.642	0.417	18901.93	977	6530.31
	18:00~20:59	233.012	0.568	0.399	9130.14	491	3093.38
	21:00~24:00	157.793	0.601	0.363	7964.70	133	5449.63

行政区名称	时刻	载客点密度/(个/km²)	载客率	分布密度	合乘平均收益/元	合乘平均成功次数	合乘公里数/km
建邺	0:00~2:59	17.61	0.623	0.077	1717.08	69	624.31
	3:00~5:59	6.80	0.530	0.070	222.29	8	82.22
	6:00~8:59	21.95	0.300	0.081	2052.58	86	715.63
	9:00~11:59	36.40	0.584	0.075	7556.45	384	2613.86
	12:00~14:59	31.96	0.553	0.068	6458.59	308	2297.12
	15:00~17:59	33.34	0.621	0.071	6507.35	365	2248.18
	18:00~20:59	29.12	0.599	0.081	4021.15	207	1362.40
	21:00~24:00	16.83	0.690	0.075	3032.74	51	2083.33
栖霞	0:00~2:59	1.79	0.651	0.037	1352.24	55	491.66
	3:00~5:59	0.52	0.704	0.034	158.73	6	58.71
	6:00~8:59	2.09	0.335	0.044	1660.60	84	578.97
	9:00~11:59	2.95	0.593	0.034	5714.95	261	1976.86
	12:00~14:59	2.45	0.572	0.027	4098.48	199	1457.70
	15:00~17:59	2.36	0.634	0.026	4626.85	264	1598.50
	18:00~20:59	2.35	0.550	0.032	2874.47	149	973.90
	21:00~24:00	1.65	0.724	0.039	2737.31	46	1872.35
雨花台	0:00~2:59	12.19	0.514	0.078	1342.01	54	487.94
	3:00~5:59	4.77	0.476	0.077	142.44	5	52.69
	6:00~8:59	15.51	0.301	0.099	1515.89	90	528.52
	9:00~11:59	27.01	0.566	0.090	6953.89	183	2405.43
	12:00~14:59	24.07	0.463	0.080	3740.92	172	1330.53
	15:00~17:59	23.37	0.556	0.078	3949.64	210	1364.53
	18:00~20:59	19.93	0.517	0.086	2502.38	171	847.83
	21:00~24:00	11.95	0.574	0.083	2943.58	49	2387.09

续表

行政区名称	时刻	载客点密度/(个/km²)	载客率	分布密度	合乘平均收益/元	合乘平均成功次数	合乘公里数/km
江宁	0:00~2:59	0.26	0.676	0.026	818.43	33	297.57
	3:00~5:59	0.14	0.548	0.031	103.97	4	38.46
	6:00~8:59	0.55	0.276	0.048	1118.49	52	389.96
	9:00~11:59	1.06	0.589	0.043	4947.67	245	1711.45
	12:00~14:59	0.86	0.543	0.036	4414.45	192	1570.08
	15:00~17:59	0.92	0.540	0.038	4233.81	245	1462.71
	18:00~20:59	0.94	0.559	0.049	2694.01	121	912.76
	21:00~24:00	0.51	0.661	0.045	2190.96	37	1531.15
浦口	0:00~2:59	0.29	0.475	0.013	690.75	28	251.15
	3:00~5:59	0.13	0.554	0.014	59.52	2	22.01
	6:00~8:59	0.25	0.616	0.013	777.60	42	271.11
	9:00~11:59	0.52	0.306	0.012	3319.04	149	1148.09
	12:00~14:59	0.48	0.390	0.011	2864.52	126	1018.82
	15:00~17:59	0.52	0.349	0.012	3024.22	182	1044.82
	18:00~20:59	0.33	0.399	0.010	1733.53	84	587.34
	21:00~24:00	0.25	0.352	0.012	1368.16	23	902.77
高淳	0:00~2:59	0.03	0.534	0.001	476.44	19	173.23
	3:00~5:59	0.01	0.653	0.001	79.26	3	29.32
	6:00~8:59	0.03	0.201	0.001	891.66	15	310.88
	9:00~11:59	0.08	0.705	0.002	1548.72	87	535.72
	12:00~14:59	0.12	0.670	0.002	1563.02	84	555.92
	15:00~17:59	0.13	0.714	0.002	1960.14	112	677.20
	18:00~20:59	0.08	0.620	0.002	1047.57	51	354.93
	21:00~24:00	0.05	0.578	0.002	667.39	11	466.00

行政区名称	时刻	载客点密度/(个/km²)	载客率	分布密度	合乘平均收益/元	合乘平均成功次数	合乘公里数/km
六合	0:00~2:59	0.04	0.750	0.004	353.21	14	128.42
	3:00~5:59	0.02	0.871	0.006	62.40	2	23.08
	6:00~8:59	0.06	0.504	0.008	468.41	12	163.31
	9:00~11:59	0.09	0.796	0.005	1441.81	110	498.74
	12:00~14:59	0.09	0.727	0.004	2287.84	108	813.72
	15:00~17:59	0.07	0.731	0.003	2357.31	129	814.41
	18:00~20:59	0.06	0.603	0.004	878.36	38	297.60
	21:00~24:00	0.05	0.727	0.004	656.49	11	402.74
溧水	0:00~2:59	0.09	0.525	0.004	221.74	9	80.62
	3:00~5:59	0.03	0.631	0.003	43.55	2	16.11
	6:00~8:59	0.05	0.848	0.006	586.65	8	204.54
	9:00~11:59	0.14	0.683	0.007	984.19	73	340.44
	12:00~14:59	0.21	0.490	0.006	1349.94	73	480.13
	15:00~17:59	0.23	0.445	0.007	1492.36	86	515.59
	18:00~20:59	0.16	0.515	0.007	651.07	25	220.59
	21:00~24:00	0.14	0.396	0.007	714.82	12	370.50

根据 K-means 算法确定城市出租车合乘不同评价指标等级下各项指标的特征值范围,如表 10.2 所示。

表 10.2 南京市出租车合乘可行性评价指标等级

评价指标	代号	优	良	中	差
载客点密度/(个/km²)	C_1	0.5~0.4	0.4~0.2	0.2~0.1	0.1~0.001
载客率	C_2	350~100	100~10	10~1	1~0.01
分布密度	C_3	0.9~0.6	0.6~0.5	0.5~0.4	0.4~0.2
合乘平均收益/元	C_4	35000~20000	20000~10000	10000~2500	2500~0
合乘平均成功次数	C_5	2000~1200	1200~600	600~200	200~0
合乘公里数/km	C_6	12000~8000	8000~4000	4000~2000	2000~0

利用城市出租车合乘可行性物元评价模型中的式(10.2)和式(10.3),得到城市出租车合乘可行性评价等级的经典域和节域,具体如下:

$$R=(N_j,C_i,X_{ij})=\begin{bmatrix} C_1 & (0.5,0.4) \\ C_2 & (350,100) \\ C_3 & (0.9,0.6) \\ C_4 & (35000,20000) \\ C_5 & (2000,1200) \\ C_6 & (12000,8000) \end{bmatrix} \tag{10.13}$$

$$R=(N_j,C_i,X_{ij})=\begin{bmatrix} C_1 & (0.4,0.3) \\ C_2 & (100,10) \\ C_3 & (0.6,0.5) \\ C_4 & (20000,10000) \\ C_5 & (1200,600) \\ C_6 & (8000,4000) \end{bmatrix} \tag{10.14}$$

$$R=(N_j,C_i,X_{ij})=\begin{bmatrix} C_1 & (0.3,0.1) \\ C_2 & (10,1) \\ C_3 & (0.5,0.4) \\ C_4 & (10000,2500) \\ C_5 & (600,200) \\ C_6 & (4000,2000) \end{bmatrix} \tag{10.15}$$

$$R=(N_j,C_i,X_{ij})=\begin{bmatrix} C_1 & (0.1,0.001) \\ C_2 & (1,0.1) \\ C_3 & (0.4,0.2) \\ C_4 & (2500,0) \\ C_5 & (200,0) \\ C_6 & (2000,0) \end{bmatrix} \tag{10.16}$$

$$R_p=(N_p,C_p,X_p)=\begin{bmatrix} N_p & C_1 & (0.5,0.001) \\ & C_2 & (350,0.01) \\ & C_3 & (0.9,0.2) \\ & C_4 & (35000,0) \\ & C_5 & (2000,0) \\ & C_6 & (12000,0) \end{bmatrix} \tag{10.17}$$

提取南京市出租车在各行政区 9:00～11:59 时段内的数据作为检测数据（表 10.3），并以此作为评价南京市出租车在各行政区 9:00～11:59 时段内合乘可行性的待评物元,以检验模型的使用效果。

表 10.3　南京市出租车各行政区 9:00～11:59 时段待评数据

行政区名称	载客点密度/(个/km²)	载客率	分布密度	合乘平均收益/元	合乘平均成功次数	合乘公里数/km
秦淮	0.184	141.302	0.713	26529.39	1458	9176.81
玄武	0.133	68.21	0.626	29482.55	1687	10198.34
鼓楼	0.415	307.939	0.673	18807.34	946	6505.66
建邺	0.075	36.404	0.584	7556.45	384	2613.86
栖霞	0.034	2.952	0.593	5714.95	261	1976.86
雨花台	0.09	27.013	0.566	6953.89	183	2405.43
江宁	0.043	1.062	0.589	4947.67	245	1711.45
浦口	0.012	0.524	0.306	3319.04	149	1148.09
高淳	0.002	0.078	0.705	1548.72	87	535.72
六合	0.005	0.092	0.796	1441.81	110	498.74
溧水	0.007	0.139	0.683	984.19	73	340.44

根据熵权法确定指标权重,具体如表 10.4 所示。

表 10.4　南京市出租车合乘可行性评价指标权重

指标	C_1	C_2	C_3	C_4	C_5	C_6
权重	0.1790	0.1772	0.1790	0.1423	0.1707	0.1519

根据式(10.9)和式(10.10)计算城市出租车的等级关联度,并进行等级隶属度评价,如表 10.5 所示。

表 10.5　南京市出租车合乘可行性评价指标隶属级别

行政区名称	优	良	中	差	等级
秦淮	−0.0002	−0.1219	−0.15204	−0.25667	优
玄武	−0.16062	0.078964	−0.07893	−0.20467	良
鼓楼	0.100223	−0.21782	−0.361	−0.39456	优
建邺	−0.26715	−0.0318	−0.15731	−0.10806	良
栖霞	−0.3402	−0.26182	−0.12251	−0.08012	差
雨花台	−0.28498	−0.00458	−0.11612	−0.12831	良

行政区名称	优	良	中	差	等级
江宁	−0.34164	−0.2801	−0.14166	−0.00158	差
浦口	−0.48194	−0.45296	−0.32845	0.018802	差
高淳	−0.29301	−0.41677	−0.43398	−0.11955	差
六合	−0.29224	−0.46812	−0.46677	−0.14921	差
溧水	−0.30379	−0.39806	−0.40418	−0.11356	差

从表 10.5 可以看出,物元评价模型将城市出租车合乘可行性评价指标体系中看似不相容的指标,如出租车载客点密度、出租车载客率和出租车分布密度等,利用系统物元变换为出租车合乘可行性评价指标的相容问题是可行的,可为城市出租车合乘的可行性评价研究提供基础。从评价指标隶属级别的优度值结果可以看出,南京市的鼓楼区、秦淮区、玄武区、建邺区和雨花台区作为南京市的中心城区,是出租车运行的主要区域,尤其鼓楼区分布有高铁站和火车站,出租车的运行数量明显高于其他区域,合乘的可行性也最高。秦淮区、玄武区、雨花台区和建邺区作为南京市的中心城区,分布有大量的政府部门、大型企业、高校科研院所、住宅小区、医院和旅游景点等,这些地点都是出租车运行的主要场所,出租车合乘的可行性也较大。其他行政区离南京市中心城区较远,出租车的数量较少,出租车合乘的可行性则较小。

利用式(10.9)和式(10.10)计算出租车合乘评价级别偏向特征值。为了验证物元评价模型评价结果的有效性,在现有的出租车运行数据下,利用假定的限定合乘条件计算南京市各行政区在 9:00～11:59 时段合乘的成功率[12]。为了进一步说明同等级评价指标的隶属级别之间的区别,更好地量化评价结果,在此利用评价指标偏向特征值计算得到出租车合乘可行性评价的优度值,如表 10.6 所示。

表 10.6　南京市出租车合乘评价结果与合乘成功率比较

行政区名称	秦淮	玄武	鼓楼	建邺	栖霞	雨花台	江宁	浦口	高淳	六合	溧水
级别	优	良	优	良	差	良	差	差	差	差	差
特征值	2.7782	2.5620	3.3794	2.3443	2.1262	2.3640	2.0539	1.2730	2.2702	2.3052	2.2235
合乘成功率/%	29.57	23.19	34.71	18.64	5.56	20.14	4.38	3.31	5.94	13.77	12.62

从表 10.6 中可以看出,针对表 10.5 中的评价等级结果可以计算得到量化的评价级别偏向特征值,其由大到小的排列为鼓楼区＞秦淮区＞玄武区＞雨花台区＞

建邺区＞六合区＞高淳区＞溧水区＞栖霞区＞江宁区＞浦口区。而从假定条件下的合乘成功率计算结果(表10.6)可以看出,合乘成功率最高的区为鼓楼区,其次为秦淮区,最差为浦口区,与物元评价模型评价的结果是一致的,说明本模型作为城市出租车合乘可行性评价的依据,具有一定的可行性。

10.4　本章小结

本章利用出租车载客点密度、出租车载客率和出租车分布密度等指标构建了城市出租车合乘的可行性评价指标体系,提出利用 K-means 算法确定评价指标特征值量值范围,利用熵权法确定指标权重,计算综合指标关联度,根据评价指标等级偏向特征值法计算待评各区域的评价优度值。实验结果表明,根据评价指标的特征量值评价合乘区域属于某集合的程度与可拓学集的思想是一致的,因此用物元评价模型来评价城市出租车合乘的可行性是合理且可行的,可以为城市出租车合乘的实施提供参考。但本模型中指标特征值的量值范围是在静态数据下实现的,如何引入动态数据下的出租车合乘可行性动态评价模型,将作为后续的研究内容。

参 考 文 献

[1] 张薇,何瑞春,肖强,等. 考虑乘客心理的出租车合乘决策方法研究[J]. 交通运输系统工程与信息,2015,15(2):17-23

[2] Pravin V,韩慧敏. 加利福尼亚州车辆合乘系统运行效果[J]. 城市交通,2010,8(4):79-93.

[3] Neoh J G,Chipulu M,Marshall A. What encourages people to carpool? An evaluation of factors with meta-analysis[J]. Transportation,2017,44(2):423-447.

[4] 张兵,邓卫. 基于信息熵理论的公路网物元评价方法[J]. 公路交通科技,2009,26(10):117-120.

[5] 陈继红,万征,何新华,等. 基于模糊物元的交通事故致因因素分析与应用[J]. 系统科学学报,2015,23(2):37-40.

[6] 胡启洲,陆化普,蔚欣欣,等. 基于关联熵与复合物元的公交系统综合测度模型[J]. 系统工程理论与实践,2011,31(1):186-192.

[7] 郭延永,刘攀,吴瑶. 基于物元可拓学的单线轨道交通服务水平评价[J]. 武汉理工大学学报,2014,36(8):69-75.

[8] Hu Q Z,Zhou Z,Sun X. A study on urban road traffic safety based on matter element analysis[J]. Computational Intelligence and Neuroscience,2014,2014(4):458-483.

[9] Pan G B,Xu Y P,Yu Z H,et al. Analysis of river health variation under the background of urbanization based on entropy weight and matter-element model:A casestudy in Huzhou city in the Yangtzeriver Delta,China[J]. Environmental Research,2015,139:31-35.

[10] Deng X J,Xu Y P,Han L F,et al. Assessment of river health based on an improved entropy-

based fuzzy matter-element model in the Taihu Plain, China[J]. Ecological Indicators, 2015,57:85-95.

[11] Ni J,Liu Z Q,Wang P. Comprehensive evaluation of advanced public transportation system based on the matter element and combination weight[J]. Applied Mechanics & Materials, 2014,694:26-29.

[12] 肖强,何瑞春,张薇,等. 基于模糊聚类和识别的出租车合乘算法研究[J]. 交通运输系统工程与信息,2014,14(5):119-125.

第11章　城市出租车合乘仿真实验系统设计

城市出租车合乘关键技术为乘客与载客出租车的合乘匹配以及出租车合乘路径的规划提供技术基础。为实现城市出租车合乘关键技术的应用和推广,本章根据书中所提出的算法和模型,搭建了城市出租车合乘仿真实验系统,为后续的合乘关键技术的实际应用和改进,提供良好的实验平台。

11.1　系统设计的目标和原则

11.1.1　系统设计的目标

本书所介绍的合乘关键技术,主要集中在城市载客出租车与合乘乘客之间的匹配,以实现减少乘客的出行成本、增加出租车运营收益、降低城市交通道路的拥堵、改善城市交通中的环境污染问题等目标。

因此,城市出租车合乘仿真实验平台将以合乘关键技术研究的结果为基础,进行系统目标的设计[1-4],具体如下。

(1) 构建出租车 GPS 数据库,利用百度地图 API 技术实现对出租车 GPS 数据的调用,展示城市出租车行驶的分布情况。

(2) 构建城市载客出租车的聚类分析模块,实现各时刻对 GPS 数据的调用,以及聚类数据处理结果的存取。

(3) 构建合乘乘客与城市出租车之间的匹配模块。利用聚类结果分别与合乘乘客出行点和目的地进行出租车匹配,确定可行的出租车匹配方案。

(4) 构建城市出租车合乘评价模块,将可行的出租车匹配方案利用熵权模糊物元评价法进行评价,对可行方案依据评价结果进行排序。

(5) 构建城市出租车合乘路径规划模块,实现对推荐方案的合乘路径规划,以满足合乘乘客、车内乘客和出租车司机对合乘方案的选择。

11.1.2　系统设计的原则

为满足后续实验、开发和应用的需求,在城市出租车合乘仿真实验平台的系统设计中应遵循以下原则[5-8]。

1. 系统性原则

从城市出租车合乘仿真实验平台应用的系统角度出发,建立统一的代码结构,实现出租车采集数据的全局共享,构建统一的设计规范和标准,实现各功能模块之间数据的有效传递,规范 GPS 数据转化、处理的方法,实现 GPS 轨迹数据百度地图 API 中的处理和显示。

2. 可扩展性原则

在城市出租车合乘仿真实验平台的设计中,采用模块化设计思路;利用 VB 语言和 JavaScript 语言实现书中所提出的合乘算法和模型的模块化;构建 SQL Server 数据库,实现各模块对数据库的访问,提升各开发模块之间的独立性和数据共享性,为后期系统的仿真实验和系统的二次开发提供基础。

3. 可靠性原则

在城市出租车合乘仿真实验平台设计中,考虑 GPS 数据的特点以及合乘中对相关数据的需求,合理设计具有一定数据容错、纠错和提示功能的模块,以增强系统的可靠性。

4. 可操作性原则

在城市出租车合乘仿真实验平台设计中,应注重人机操作界面的设计,满足合乘中不同群体对系统的使用要求,提升系统的可操作性。

11.1.3　系统设计平台的运行环境

利用 VB 6.0 进行合乘计算过程后台模块的开发,利用 Mapinfo 和 Mapx 5.0 进行道路数据库的建立,利用 SQL Server 实现采集数据和处理数据的存储,并利用 JavaScript 网页编程语言和百度地图 API 技术实现合乘最短路径的规划,其主要开发工具如下。

服务器端:Windows 2000 Server 或 Windows 2003。

客户端:Windows XP Professional。

数据库:SQL Server 2008。

软件工具:VB 6.0、Mapinfo、Mapx 5.0、Dreamweaver 等。

11.2 系统总体设计

11.2.1 逻辑总体结构设计

本节根据城市出租车合乘仿真实验平台的设计需求,结合所涉及的算法和模型,建立三大子系统和相关功能模块,实现三大子系统对各功能模块的调用,根据功能→模块→子系统→系统的结构设计原则[9-12],建立城市出租车合乘仿真平台的逻辑结构,具体如图 11.1 所示。

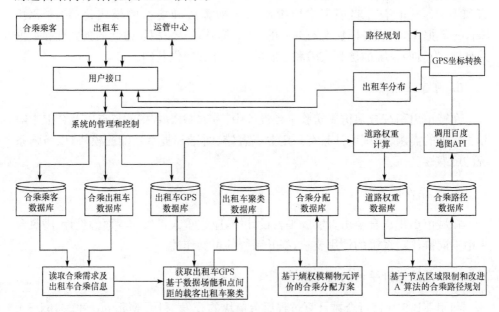

图 11.1 城市出租车合乘仿真实验系统总体设计

1. 接口子系统

接口子系统主要由用户接口、合乘乘客接口、出租车接口和运管中心等组成。其主要功能为实现对出租车合乘乘客需求的响应、出租车合乘需求的响应以及出租车运管中心 GPS 数据和道路通行相关数据的响应,实现对相关合乘数据处理进程的管理和控制。

2. 合乘子系统

合乘子系统主要由读取合乘需求及出租车合乘信息模块、基于数据场能和点间距的载客出租车聚类模块、基于熵权模糊物元评价的合乘分配方案模块和基于节点区域限制和改进 A＊算法的合乘路径规划模块构成。合乘子系统的主要功能是实现城市出租车合乘乘客与载客出租车的合乘方案确定以及合乘路径的规划。

　　3. 地图显示子系统

　　地图显示子系统主要由 GPS 坐标转换模块、调用百度地图 API 模块、出租车分布模块和路径规划模块等构成。其主要功能是实现 GPS 坐标与百度地图坐标间的转换、出租车城市分布的热力图显示以及合乘规划路径在仿真实验系统中的显示。

11.2.2　物理总体结构

　　物理总体结构是城市出租车合乘仿真实验系统实施的基础,也是逻辑结构在实际应用中的具体体现。根据用户需求响应、合乘算法与模型和数据存取等,建立基于用户层、信息处理层和服务器层的物理总体结构,具体如图 11.2 所示。

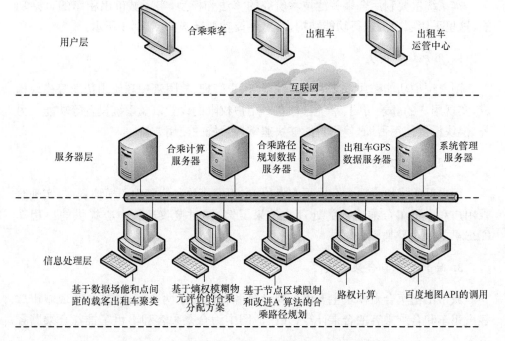

图 11.2　城市出租车合乘仿真实验系统物理总体结构

　　1. 用户层

　　用户层主要包括合乘乘客、出租车和出租车运管中心等用户,实现 GPS 数据的采集、合乘乘客和出租车的合乘需求响应等。

2. 信息处理层

信息处理层主要包括出租车聚类、出租车合乘方案的评价、出租车合乘路径规划和百度地图 API 的调用等,实现城市出租车合乘仿真实验系统中合乘的相关计算。

3. 服务器层

服务器层主要由合乘计算服务器、合乘路径规划数据服务器、出租车 GPS 数据服务器和系统管理服务器构成,实现合乘仿真实验平台中系统对数据的使用和存储。

11.3　系统的功能结构设计

本系统主要利用合乘关键技术研究的算法和模型,实现城市出租车的合乘功能,这里采用层次法进行功能结构设计,主要功能结构如图 11.3 所示。

1. 用户维护模块

用户维护功能模块主要由用户登录、用户管理、权限管理和使用帮助等模块构成,实现用户的登录访问、系统管理者对用户权限的设置以及系统设置等功能。另外,模块提供使用帮助,使用户能够快速掌握系统的使用方法。

2. 用户系统模块

用户系统模块主要由合乘乘客模块、出租车模块和运管中心模块构成,实现合乘用户和出租车合乘请求的处理与结果反馈,同时接收运管中心提供的出租车GPS 数据和道路监测数据。

3. 城市出租车合乘模块

城市出租车合乘模块主要由合乘计算和地图显示两个模块构成,实现城市载客出租车和合乘乘客的合乘计算,并在地图中为合乘乘客和出租车推荐合乘路径方案。

(1) 合乘计算模块主要由出租车聚类、合乘方案评价、道路路权计算、节点间权重计算和合乘路径规划等模块构成。出租车聚类模块以数据场能和点间距的乘积作为判断聚类中心的阈值,完成合乘者在出行点时刻对载客出租车的聚类。合乘乘客与载客出租车合乘匹配方案评价模块主要利用出租车的聚类模块结果与合

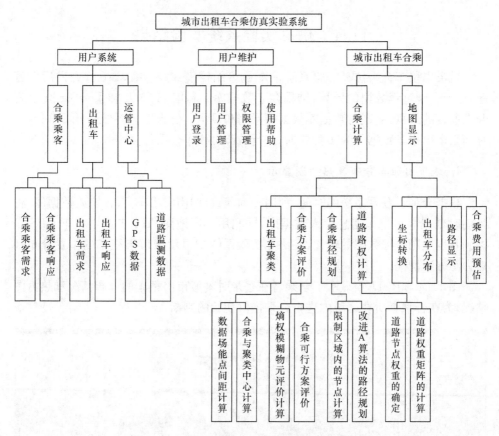

图 11.3　城市出租车合乘仿真系统功能结构图

乘乘客目的地进行匹配,确定与合乘者具有相同或相近的出租车数,根据到达合乘点距离、到达合乘目的地距离、合乘距离和到达合乘点时间等指标,建立熵权模糊物元矩阵,计算各可行方案的评价结果。道路路权计算模块主要利用 Mapinfo 软件构建的道路长度、道路等级和道路节点数据库,结合运管中提供的道路监测数据进行道路路权值的计算。合乘路径规划模块主要利用节点区域限制算法,实现道路节点范围的确定,并计算动态节点间权重矩阵表,利用改进 A* 算法调用节点间权重矩阵表,确定合乘路径的规划。

　　(2)地图显示模块主要由坐标转换模块、出租车分布模块、路径显示模块和合乘费用预估模块构成,利用坐标转换模块实现出租车原始 GPS 坐标到百度地图坐标的转化、合乘者出行点和目的地百度地图 GPS 坐标到原始坐标的转换以及合乘规划路径坐标到百度地图坐标的转化。利用百度地图 API 实现出租车分布的热力图显示及合乘路径方案的显示。通过合乘费用的预估,实现合乘者、车内乘客和出租车司机对合乘方案的选择。

11.4　仿真实验系统实验结果

城市出租车合乘仿真实验系统采用 B/S 结构模式,利用 VB 6.0 开发后台程序,进行合乘过程数据的计算,结果存于数据库。利用 HTML 和 JavaScript 语言开发前台的网页,实现对数据库数据的调用和显示。仿真实验系统采用 2014 年 9月南京市出租车数据作为实验数据,进行城市出租车合乘仿真实验。

1. 城市出租车分布及热力图显示

根据合乘者登录系统的时间,利用查询函数,调用出租车 GPS 轨迹数据库,将当前时刻载客出租车信息存入数据库,并利用百度地图 API 实现出租车 GPS 坐标到百度地图坐标数据的转化,在仿真实验系统中显示城市出租车的位置分布和热力图分布情况。

图 11.4 和图 11.5 显示了合乘者在登录时刻城市出租车的分布情况和热力图情况,为在合乘者所在区域内进行合乘提供初始的判断。

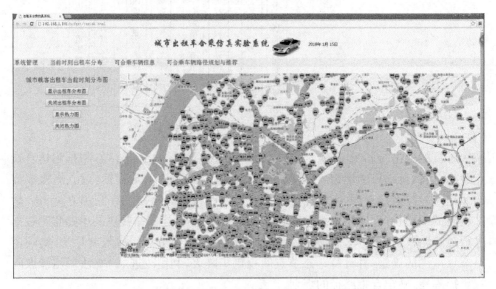

图 11.4　合乘者登录时刻南京市载客出租车分布图

2. 合乘者出行点附近城市出租车分布

对当前时刻出租车数据进行聚类,确定各聚类集的中心。利用合乘者选择的合乘出行点,构建各聚类中心与合乘出行点的距离阈值函数,将满足条件的出租车信息显示在地图中。

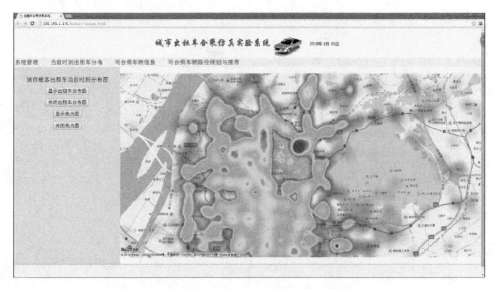

图 11.5 合乘者登录时刻南京市载客出租车热力分布图

图 11.6 显示了合乘者选取的合乘出行点和目的地位置,并在百度地图中显示。图 11.7 显示了合乘者出行点附近可以提供合乘的载客出租车信息。

图 11.6 合乘者选择合乘出行点和目的地图

3. 合乘乘客出租车匹配方案

利用合乘乘客目的地坐标和合乘者出行点附近的载客出租车的目的地坐标,

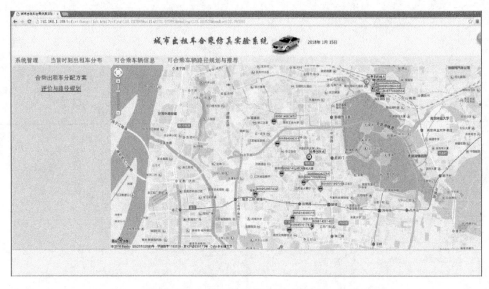

图 11.7 合乘出行点距离阈值内可合乘出租车分布图

构建到达合乘者目的地距离阈值函数,分别计算各载客出租车目的地与合乘者目的地距离阈值,确定满足合乘者出行点和目的地距离阈值的合乘出租车方案。根据合乘出租车方案评价指标要求,计算到达合乘出行点的距离、到达合乘点的时间、到达合乘目的地的距离以及合乘距离等参数,利用熵权模糊物元法进行合乘方案的评价。图 11.8 为合乘者出租车匹配方案及各匹配方案的评价排序图。

图 11.8 可合乘出租车信息及方案排序图

4. 合乘路径规划及费用估计

利用合乘出租车匹配方案评价的结果以及城市道路节点权重计算结果,根据合乘目的地和出租车目的地的位置关系,构建节点区域限制函数,确定节点范围。根据改进 A* 算法和节点权重矩阵表计算合乘路径,并预估合乘前后的费用变化。

图 11.9 为合乘路径规划及合乘费用预估结果图。图中通过各方案按钮获取合乘的路径,并显示合乘出行点的位置、合乘目的地的位置、载客出租车在合乘需求时刻的位置、载客出租车目的地的位置以及合乘行驶路径。图中文本框显示的内容为合乘与不合乘情况下,合乘者的出行费用变化情况、车内乘客的支付费用的变化情况以及出租车司机收入的变化情况。

图 11.9　合乘路径规划及合乘费用预估结果图

11.5　本章小结

本章根据城市出租车合乘关键技术研究的内容,利用合乘出租车聚类、合乘出租车匹配方案评价和合乘路径规划等算法和模型,并利用 VB 6.0、Mapinfo、SQL Server 2008 和 Dreamweaver 等软件,建立了城市出租车合乘仿真实验系统。另外,从系统设计的目标和原则、系统总体设计、系统结构功能设计和仿真实验结果等方面对系统进行了介绍。仿真结果验证了书中所提算法和模型的正确性,为后续城市出租车合乘技术的完善和改进提供了实验平台,也为后期基于 APP 技术的合乘系统实际应用奠定了技术支撑。

参 考 文 献

[1] 王春华. 发达国家"拼车"面面观[J]. 交通与运输,2011,27(6):62.

[2] 孙新秋. 车辆合乘匹配问题研究[D]. 济南:山东师范大学,2012.

[3] 张亦楠. 出租车合乘模式下智能匹配问题的研究与实现[D]. 青岛:中国海洋大学,2014.

[4] Chen Y T, Hsu C H. Improve the carpooling applications with using a social community based travel cost reduction mechanism[J]. International Journal of Social Science and Humanity,2013,3(2):87-91.

[5] Yuan N J, Zheng Y, Zhang L, et al. F-finder: A recommender system for finding passengers and vacant taxis[J]. IEEE Transactions on Knowledge and Data Engineering,2012,25(10):2390-2403.

[6] 罗超,韩直,乔晓青. 城市出租车合乘技术研究[J]. 交通运输工程与信息学报,2014,(1):79-86.

[7] 王丽珍. 大城市出租车静态和动态合乘模式的探讨[J]. 长沙:长沙理工大学,2012.

[8] 邵增珍,王洪国,刘弘,等. 车辆合乘匹配问题中服务需求分派算法研究[J]. 清华大学学报(自然科学版),2013,53(2):252-258,264.

[9] 杨东授,段征宇. 大数据环境下城市交通分析技术[M]. 上海:同济大学出版社,2015.

[10] 祁文田. 基于 GPS 数据的出租车载客点空间特征分析[D]. 长春:吉林大学,2013.

[11] 张健钦,仇培元,杜明义. 基于时空轨迹数据的出行特征挖掘方法[J]. 交通运输系统工程与信息,2014,14(6):72-78.

[12] 姜晓睿,郑春益,蒋莉,等. 大规模出租车起止点数据可视分析[J]. 计算机辅助设计与图形学学报,2015,27(10):1907-1917.